O vento que destrói
e restaura

STEPHEN BROYLES

O vento que destrói e restaura

confiando no Deus da tristeza e da alegria

Tradução
Onofre Muniz

©2003, de Stephen E. Broyles
Título original
The Wind that Destroys and Heals,
edição publicada por
WaterBrook Press
(Colorado Springs, Colorado, EUA)

▪

Todos os direitos em língua portuguesa reservados por Editora Vida

PROIBIDA A REPRODUÇÃO POR QUAISQUER MEIOS, SALVO EM BREVES CITAÇÕES, COM INDICAÇÃO DA FONTE.

Todas as citações bíblicas foram extraídas da *Nova Versão Internacional* (NVI), ©2001, publicada por Editora Vida, salvo indicação em contrário.

EDITORA VIDA
Rua Júlio de Castilhos, 280 Belenzinho
CEP 03059-000 São Paulo, SP
Tel.: 0 xx 11 6618 7000
Fax: 0 xx 11 6618 7050
www.editoravida.com.br
www.vidaacademica.net

▪

Coordenação editorial: Solange Monaco
Edição: Renato Basile
Revisão: Gisele Romão
Diagramação: Set-up Time
Capa: Rita Aguiar

Dados Internacionais de Catalogação na Publicação (CIP)
(Câmara Brasileira do Livro, SP, Brasil)

Broyles, Stephen E.

O vento que destrói e restaura : confiando no Deus da tristeza e da alegria / Stephen E. Broyles ; tradução Onofre Muniz. — São Paulo : Editora Vida, 2006.

Título original: *The wind that destroys and heals : trusting the God of sorrow and joy*
ISBN 978--85-7367-952-6

1.1. Alegria 2. Confiança em Deus 3. Consolo 4. Tristeza 5. Vida cristã I. Título.

06-9219 CDD-248.86

Índice para catálogo sistemático:
1. Consolo no sofrimento : Vida cristã 248.86

Τῇ ἐπιερπῶν ὡρῶν μνήμῃ

(à memória dos bons tempos)

Sumário

Agradecimentos — 9
Prefácio: O meu fim no meu princípio — 11
Prólogo: O cair da noite — 15

1. O encontro entre passado e futuro — 21
2. No momento decisivo de transição — 33
3. Na sombra da morte — 40
4. A decisão pelo louvor — 48
5. Contra o vento — 62
6. O desvendar da razão — 73
7. O Deus das densas trevas — 84
8. O futuro de esperança — 96
9. Encontrando o caminho — 107

Epílogo: O vento que destrói e restaura — 126
Pontos a ponderar: Questões para reflexão e discussão — 130
Notas bibliográficas — 138
Recursos — 144
Música — 149

Agradecimentos

Durante os vários estágios de preparação que este livro passou até assumir a forma definitiva, fui estimulado e recebi uma ótima orientação editorial. Quero expressar minha profunda gratidão a Ramona Cramer Tucker, Mary Horner Collins, Vinita Hampton Wright, Annette LaPlaca, Dan Penwell, Bruce Barbour do Grupo de Gerenciamento Literário, e Ron Lee da Editora WaterBrook, por sua receptividade, otimismo e ótimos conselhos. Sou grato a duas igrejas próximas, Magnolia e Cahaba Valley, e outra distante, a Basler Gemeinde, pela influência em minha vida durante um tempo de dificuldades. Talvez não saibam o quanto precisei delas e o bem que me fizeram. Sou grato a Beverly Dowdy, primeiro porque foi amiga de Elizabeth, depois por ela e Ken serem meus amigos. Finalmente, dou graças por minha esposa, Sharon, que chegou depois de um longo tempo, porém no tempo certo.

Às vezes considero quase uma falta
    Expressar em palavras o meu sentimento;
    Porque as palavras, como a natureza, são quase o desvendamento
E quase a revelação do interior da alma.

Mas mente e coração em estado perturbador,
    Um uso de linguagem comedida;
    A triste prática repetida,
Que, como uma droga, entorpece a dor.

Vou me envolver em palavras, como em roupas de luto,
    Como a veste mais grossa contra a ventania gelada;
    Mas essa grande dor nela confinada
É apresentada em um esboço, diminuto.

ALFRED, LORD TENNYSON

Prefácio

O MEU FIM NO MEU PRINCÍPIO

> O livro que o leitor tem em mãos, de um fim ao outro, como um todo e em detalhes [...] trata do progresso do mal para o bem [...] das trevas para a luz do dia [...] do inferno para o céu.
>
> Victor Hugo, *Os miseráveis*

No livro de Jó, o vento tanto destrói quanto restaura. Ele mata os filhos de Jó e essa perda terrível o faz mergulhar no mais profundo sofrimento. Contudo, é no vento que Jó ouve a palavra restauradora de Deus.

Na Bíblia, o vento é um símbolo da transitoriedade da vida humana e do poder vivificante de Deus. Um dos salmos nos diz que Deus é compassivo para com a raça humana porque ele: "Lembrou-se de que eram meros mortais, brisa passageira que não retorna".[1] Todavia, Deus pode vivificar até algo inanimado. Na visão de Ezequiel, o vento varre o vale de ossos secos e eles recebem vida pelo sopro do Espírito de Deus.[a] Por outro lado, é a força que põe fim à vida: "Que se vai quando sopra o vento e nem se sabe mais o lugar que ocupava".[2] Além disso, é nele que nasce o Espírito: "O vento sopra onde quer. Você o escuta, mas não pode dizer de onde vem nem para onde vai. Assim acontece com todos os nascidos do Espírito".[3]

---

[a] Ver Ezequiel 37.1-10. Este simbolismo é comum e natural na Bíblia, porque a palavra hebraica *ruach* significa "vento", "sopro" e "espírito".

Todos nós temos de enfrentar o vento. Ele é sombrio, estranho e irresistivelmente poderoso. Nele estão a morte e a extinção. Contudo, é possível enfrentá-lo e encontrar profundo valor religioso nessa experiência. De fato, nascer de novo.

Em uma manhã fria de fevereiro, minha família foi envolvida pelo vento e pela escuridão da doença que levou a vida da minha esposa quatro anos depois, no dia de Natal. Nossos dois filhos pequenos e eu sobrevivemos e nos recuperamos gradativamente.

Os anos em meio ao vento me transformaram. Comecei a enxergar um novo significado na espiritualidade bíblica e a conhecer seu valor quando ela chega por intermédio de sofrimentos insuportáveis. Despertei de uma forma diferente para conceitos conhecidos: os lamentos dos salmistas e a decisão deles de louvar pela vida, não importando como ela fosse; Jó, destruído e restaurado pelo vento, confiando em Deus mesmo quando ele não parecia digno de confiança; Jesus orando no Getsêmani ao Deus que aparentemente o abandonara e, ainda assim, encontrando a legitimação da vida e da fé pela crença nesse mesmo Deus.

Eu mantive um diário durante e depois dos tenebrosos momentos de nossa família. Em centenas de páginas mal traçadas à mão, despejei meu grito selvagem contra a doença e seus efeitos em nossa vida e confrontei as perplexidades da morte e da fé.

Este livro não é uma transcrição daquele diário. São duas coisas distintas. O livro é fruto do meu estado de espírito atual. O diário foi a fonte rudimentar das lembranças e idéias aqui melhor desenvolvidas. Por isso, não pense que vou afligi-lo com uma obra sobre o meu próprio sofrimento. Ao contrário, tentarei dizer algo a respeito da possibilidade real de confiar em um mundo que, às vezes, nos oferece pouca razão para confiar.

Há muita narrativa nestas páginas. Por isso, quero lhe dizer que este livro não é mera especulação. Aqui lidamos com a vida.

As idéias que trabalhamos intelectualmente sem referência a um fato concreto sempre se revelam fracas e vazias quando colocadas diante das dificuldades e da pressão da realidade. Foi assim que algumas das minhas melhores idéias esmoreceram sem deixar vestígios. É a experiência que chamamos de "ficar sem palavras". Ao incluir narrativas, minha intenção é lembrar-nos de nosso verdadeiro propósito: refletir cuidadosamente sobre a vida.

Fiz observações filosóficas ao interagir com a narrativa. Ou, talvez, devesse dizer teológicas. Afinal, sou um teólogo cristão por profissão. Mas não vou impor meu ponto de vista. Não vou forçá-lo a pensar como eu penso. Simplesmente direi como aconteceu comigo e compartilharei o que pude extrair de tudo isso. Afinal, ser cristão não significa estar certo, protegido ou isento de críticas, e qualquer outra coisa que as pessoas de fé sempre tentam evitar. Implica em ficar confuso e ser criticado como qualquer outra pessoa, mas também encontrar o padrão libertador escondido na experiência do sofrimento.

Não apresento uma teologia para soluções instantâneas e respostas fáceis. Na verdade, não ofereço nenhuma ajuda para evitar ou suavizar as dores da vida. Propor a eliminação do sofrimento alheio tão facilmente é banalizá-lo, torná-lo algo insignificante. Porém, não é insignificante. É esmagador e monstruoso. O que ofereço é uma voz que chora à noite, um sentido para a aflição da humanidade, e a experiência de que a cura e a restauração podem nascer da dor e do sofrimento.

Prólogo

O CAIR DA NOITE

Eu imaginava ter uma certa estabilidade mental porque podia suportar meus próprios sofrimentos, mas compreendi pelos sofrimentos dos outros que poderia ficar fragilizada como uma criança.

SARA FIELDING, *The Adventures of David Simple*
[As aventuras de David Simple]

Enquanto passávamos por elas, as noites e os dias pareciam não ter fim. Hoje parecem com uma única noite na qual a lembrança despejara toda a escuridão e perplexidade daqueles momentos infindáveis.

— Quer que eu lhe traga um café?

— Não, agora não — respondi.

A enfermeira fechou a porta larga e pesada atrás de si ao sair. O som foi como um presságio, como a terra se abrindo.

Empurrei minha cadeira para mais perto da cama no silêncio da meia-luz. Elizabeth dormia sob um cobertor branco de algodão, respirando pela boca entreaberta. O oxigênio borbulhava de uma saída na parede e chiava pelo tubo plástico. Lá fora, caía uma chuva fina, cuja quietude persistente tornava o silêncio do quarto ainda mais profundo.

Um forte barulho veio do corredor. Virei-me na expectativa de alguém entrar no quarto com equipamentos pesados. Mas a porta permaneceu fechada. Dessa vez o ruído passou por nós.

Virei-me novamente na cadeira. Elizabeth respirava calmamente em seu sono. O lábio inferior, ressecado, pendia frouxo para o lado. Sentei-me em silêncio e tentei examiná-lo, mas não o fiz. Eu era um outro Jacó, lutando contra um outro anjo que não seria derrotado. Estava contente pelo fato de Elizabeth estar dormindo: era muito assustador estar acordado naquela noite.

Era véspera de Natal. Duas semanas antes, esperávamos que Elizabeth pudesse estar em casa agora novamente. Conforme os dias se passavam, a esperança esmorecia até, finalmente, desaparecer por completo.

— Não tenho esperança de voltar para casa — disse ela. — Há muitos problemas em minha saúde e não há como curar a todos.

Telefonei aos meus pais e pedi que trouxessem Stephanie e John ao hospital. Encontramo-nos na sala de espera e levei as crianças ao quarto, uma de cada vez. As visitas foram curtas e silenciosas. Depois, ambas entraram para se despedir. As últimas palavras que ouviram da mãe foram palavras de amor.

Stephanie tinha dez anos e algumas perguntas. Ela me perguntou na sala de estar:

— Por que é tão difícil para mamãe respirar?

— Os pulmões dela estão completamente cheios.

— Por que eles não fazem isso parar?

— Estão tentando.

— Eles podem tirar radiografias para ver o que está errado e depois fazer isso parar.

— É o que estão fazendo, mas não é tão fácil assim.

— Será que eles vão conseguir?

— Vão tentar ao máximo.

John era quatro anos mais novo. Ele perguntou:

— Mamãe irá para casa daqui a uns três dias? — Sua voz era calma e direta.

— Eu acho que não, John.

— Estou cansado de ficar na casa dos outros — disse ele. — Já faz duas semanas. Vejo você vinte minutos à noite e vinte pela manhã, e as crianças que não vêem seus pais se esquecem de como eles são.

Ele não estava zangado. Não estava fazendo beicinho. Estava simplesmente constatando os fatos, enquanto olhava com firmeza para um ponto fixo no espaço. Ele olharia para aquele lugar até obter uma resposta. Eu sabia disso pela experiência invariável de seis anos.

— Sinto sua falta, John.

— Eu também sinto a sua falta.

Elizabeth pensava muito nas crianças. Dizia que queria vê-las crescer. Queria vê-las passar pela infância, concluir uma faculdade, casar e criar filhos. Ela não queria nada de extraordinário. Apenas isso.

Nós sussurramos no escuro:

— Este é o nosso último momento juntos — disse ela. — Precisamos acertar algumas coisas.

— Você me perdoa por todas as coisas erradas que fiz? — perguntei.

Ela fez que sim:

— E você, me perdoa?

— Sim.

Ela estava calma. A respiração era curta e fraca, e eu a acompanhava atentamente. Depois de um momento, ela disse:

— Se eu não melhorar, quero que saiba uma coisa. Você fez tudo o que pôde.

— Você também.

— Obrigada.

Sentado na escuridão, ouvindo sua respiração e algumas palavras ocasionais, eu não me sentia nobre ou exemplar. Sentia-me um covarde. Estava apavorado por estar ali e por não estar. Queria estar em dois lugares ao mesmo tempo. Com as crianças, respondendo às perguntas de Stephanie e abraçando John quando sentia medo. Queria também estar com Elizabeth, sentado ao lado da cama. Aquele fora meu lugar durante tudo o que ela havia suportado e ainda era o meu lugar naquele momento. Eu era quem sabia o que ela desejava, quem podia admitir com ela o que estava acontecendo, e aquele com quem ela podia desabafar sua raiva. Como poderia não estar ali? E, ao mesmo tempo, como poderia estar?

Um passado de dores, ranger de dentes e temores implacáveis povoou minha lembrança, e um futuro de desolação, medo e confusão encheu minha imaginação. A única ferida que pode ser suportada é a que estamos vivendo. Contudo, a lembrança e a imaginação não podiam ser contidas. Junto com o terror do presente, produziam uma dor além do suportável, um adversário que não podia ser derrotado. Eu disse a mim mesmo que aquilo somente seria suportável se eu agüentasse um momento de cada vez, à medida as coisas acontecessem. Um dilema crítico. É o único caminho possível. Todavia, também é impossível.

Tarde da noite, trouxeram uma cama de lona e a colocaram próximo à de Elizabeth. Deitei-me de roupa e sapatos, ouvindo-a respirar. Ninguém sabia se ambos estaríamos ali na manhã seguinte.

A cama estava encostada à de Elizabeth. De repente, adormeci e sonhei que estava deitado de roupa e sapatos em uma cama de lona. Estava próximo à cama de Elizabeth e a ouvia respirando. Em meu sonho, sabia que alguém ou algo estava à porta, querendo entrar, pronto a forçar a entrada. Ouvi um som ameaçador, como um trovão: um som forte, pesado, como da terra se abrindo. A porta forte e pesada estava se abrindo. Senti um sopro de vento gelado. Em meu sonho gritei:

— A morte está à porta! A morte está à porta! — Meu cabelo ficou arrepiado até o pescoço. Acordei trêmulo.

O quarto quase silencioso, exceto pelo borbulhar do oxigênio e do fraco ruído da respiração de Elizabeth. Então sonhei novamente. Trovão. O vento gelado. O grito:

— A morte está à porta!

Terror. Tremor. Novamente ouvi Elizabeth respirando.

Orei na escuridão, mas eram duas pessoas orando. Uma era o homem daquele momento, arrepiado pela escuridão e pelo terror, argumentando contra a razão na tentativa vã de compreender. A outra era a criança que de alguma forma ainda havia em mim, desejando a luz do dia, a grama agradável e a sensação segura de uma grande mão segurando uma pequena mão, pois a criança sentia o terror, o desamparo e a completa confusão do homem.

— Deus querido — orei, quero dizer, o homem e a criança oraram juntos — Querido Jesus, o trauma e a angústia dela são grandes demais! Querido Deus, tenha misericórdia. Meigo Jesus, tenha misericórdia. Querido Deus, tenha misericórdia. Dê-lhe paz e descanso. Permita que a angústia, a agonia e a violência dêem lugar à paz e à tranqüilidade. Querido Deus, querido Deus, querido Deus, querido Deus, querido Deus conceda esta misericórdia, que se tiver que acontecer — e como poderia não acontecer? — que seja uma passagem de tranqüilidade e paz.

1
O encontro entre passado e futuro

Compreendendo nossa história

Estou dividido entre os tempos, a ordem dos quais eu não sei, e meus pensamentos, mesmo os mais íntimos e profundos lugares de minha alma, estão mutilados por várias comoções até que eu flua junto a ti, purgado e moldado no fogo do teu amor.

AGOSTINHO DE HIPONA, *Confissões*

John correu para a porta dos fundos vestindo o uniforme de futebol que ganhara do Papai Noel. Eu o peguei e entrei com ele em casa.

Stephanie já havia entrado. Ela sabia. Todos tínhamos voltado do hospital e ela sabia que só voltaríamos quando não houvesse mais motivo para ficar.

Levei meu filho para dentro de casa e pedi a Stephanie que nos acompanhasse. Ela não foi. Ela sabia, mas não me deixaria dizer-lhe aquelas palavras.

John e eu nos sentamos e contei-lhe a história.

— Sua mãe piorou no meio da noite. Ela não conseguia respirar. Sentei-me ao lado dela e encostei a cabeça no travesseiro para ouvir a respiração, que ficou cada vez mais fraca.

— Ela está morrendo — disse John com brandura.

— A respiração dela ficou tão fraca que eu mal podia ouvi-la, até que finalmente não pude ouvir mais. Depois entrou uma enfermeira, em seguida, um médico.

— Ela está morta.

— Sim.

John deitou-se e chorou. Após alguns instantes, ele se sentou calmamente e falou novamente com brandura:

— Acho que agora não adianta mais nada, não é, papai?

— Parece que não.

Durante o resto do dia, Stephanie não quis ouvir a respeito. Havia muitas pessoas e muitas coisas a fazer. Na hora de dormir, quando todos tinham ido embora e John já estava dormindo, ela e eu conversamos, embora não tenhamos falado diretamente sobre o que acontecera.

Na noite seguinte, a casa estava vazia novamente, exceto por nós três. Então, Stephanie disse que queria ouvir a história. Quando terminei, ficou claro que enquanto eles brincavam com seus brinquedos de Natal, John já lhe contara, palavra por palavra, a história como eu havia lhe contado.

A história do nome de Jacó

Nos meses seguintes à morte de Elizabeth, às vezes eu pensava na história de Jacó lutando uma noite inteira contra um homem. A história tinha pontos em comum com a nossa própria história.

Jacó chegara a um momento decisivo de transição[a] e sabia disso. Durante vinte anos, vivera na antiga região, terra de seus ante-

---

[a] A expressão usada pelo autor é "turning point". Segundo o dicionário Longman, significa "o momento quando uma importante mudança começa a acontecer, especialmente aquela que melhora a situação". O mesmo termo será usado mais adiante e, inclusive, tratado no capítulo dois [N. do E.].

passados, para onde fugira de seu irmão, Esaú, no intuito de salvar a própria vida. Naquela terra, ele fez um certo acordo competitivo com seu tio Labão, conseguiu esposas e riqueza e acabou disputando a posição de Labão na família. Finalmente, Jacó precisou refugiar-se da antiga terra, perseguido pelo tio, e dirigiu-se à nova terra, onde seu irmão o esperava, tramando sabe-se lá que tipo de vingança. Bem no meio da viagem, na parte rasa do Rio Jaboque, Jacó dividiu sua caravana em dois grupos e os mandou à frente, permanecendo ele sozinho. À noite, um homem lutou com ele até o amanhecer. Nenhum deles venceu, mas ao romper do dia Jacó tinha um novo nome, Israel, e mancava.

O núcleo e o significado da história são simbolizados pela mudança de nome do patriarca. Ele recebera o nome de Jacó ao nascer, literalmente *Agarrador de calcanhar*, uma expressão hebraica que significa "trapaceiro". Agora chamava-se Israel, *O que luta com Deus*, porque lutara com Deus e com homens e prevalecera.[1] A crise havia dividido sua vida em duas partes, e cada parte tinha o seu próprio nome.

Em nossa própria vida, temos uma história semelhante à de Jacó. Nossa vida é dividida por crises. Sentimos o vento sombrio da adversidade cortando nossa face e nos sentimos caindo precipitadamente em um abismo. Lutamos com o anjo a noite toda e manquejamos na alvorada. Encontramos na história de Jacó um padrão para a nossa tarefa de encontrar um novo nome para nós mesmos, um nome que dará algum significado tanto para o terror que nos persegue desde o passado quanto para a nova compreensão que levamos conosco para o futuro.

Pois não era o mesmo Jacó que estava ali. Os anos na antiga terra o haviam mudado e ele se deu conta disso no Jaboque. Ele passara por ali vinte anos antes e Deus lhe falara à noite. Na manhã seguinte, colocou uma pedra em pé e fez a seguinte oração:

"Se Deus estiver comigo, cuidar de mim nesta viagem que estou fazendo, prover-me de comida e roupa, e levar-me de volta em segurança à casa de meu pai, então o SENHOR será o meu Deus. E esta pedra que hoje coloquei como coluna servirá de santuário de Deus; e de tudo o que me deres certamente te darei o dízimo".[2] Na verdade, temos de admitir que essa não é exatamente uma oração correta. "Querido Senhor, ponha comida em minha boca e roupas em meu corpo, livre-me de ter minha garganta cortada e o Senhor poderá ser o meu Deus e ter esta pedra como casa". Bem, pelo menos é uma oração. Normalmente, a minha não são muito melhores.

Agora, após vinte anos de experiências, Jacó está novamente na estrada e, mais uma vez, chegou a um momento decisivo de transição que significa vida ou morte. Ele começa a ver as coisas de forma diferente. "Ó Deus", ele ora, "não sou digno de toda a bondade e lealdade com que trataste o teu servo. Quando atravessei o Jordão eu tinha apenas o meu cajado, mas agora possuo duas caravanas".[3] Ele continua pedindo livramento e relembra a promessa de Deus. Mas está claro que algo aconteceu no coração do Agarrador de calcanhar. Na noite da sua dificuldade e aflição, ele confessa que Deus é bondoso e fiel. Talvez soubesse antes, agora ele se dá conta disso e se coloca — não sem lutar! — nas mãos deste Deus.

A história de todos nós

Essa história é universal. Nós descemos o vale desnorteados, confusos, sofrendo e desejando saber se há um fim para isso. Finalmente, chegamos a um momento decisivo de transição quase sempre tão severo que ameaça nos destruir. Depois, não sei se por nossa própria vontade ou não, mas certamente não por nosso próprio poder, vemo-nos sendo levados para cima e para fora em direção a algo maior e mais sábio.

A vida é um exemplo complicado e repetido desses altos e baixos: o movimento descendente para a dor, a tristeza, o sofrimento e finalmente para a morte; o movimento ascendente para o alívio, a bênção, a alegria, o livramento e para a vida. O movimento descendente é verdadeiro para a vida com ou sem fé. Não importa que alguns que crêem em Deus rejeitem o infortúnio e o sofrimento como se fossem inadmissíveis em uma vida de fé genuína. Eles simplesmente estão errados. Afinal de contas, este mundo ainda não é o céu. Quanto antes nos dermos conta disso, melhor será para nós. Mas precisamos também nos conscientizar que Deus é tão presente e confiável no movimento descendente quanto no ascendente.

   A história de Jacó ajudou-me a compreender isso, bem como a história dos salmistas, de Jó e, acima de tudo, a de Jesus, que é a história mais importante. As histórias que instruem minha vida vêm da Bíblia. Elas conectam minha história à História Definitiva. Se elas são enredos secundários da narrativa principal, minha vida é um enredo secundário delas e, dessa forma, minha vida participa no sentido final. Os enredos da história ou da literatura também podem servir a esse propósito, mas somente até onde são reflexos da história definitiva.

   A história universal é a essência do nosso eu, em certo sentido. Eu não *tenho* apenas uma história, eu *sou* uma história. Quando olho para antigas fotos de família, vejo-me como um garotinho ao sol em pé na grama, junto à cadeira da vovó. Vejo uma criança de 2 anos de boné e suéter. Vejo um menino vendendo violetas em uma cesta de frutas virada para cima, depois um jovem em uma escada colhendo maçãs e por fim um adulto sentado em uma espreguiçadeira. As fotos mostram crescimento e mudança. Contam uma história.

   Não importa nossa origem ou que vantagens tivemos, nossa história eventualmente nos levará a momentos em que a vida será dolorosa. Quando éramos crianças tornando-nos jovens adultos, descobrimos que nossos pais falham e são imperfeitos, que o mundo nem sempre é seguro e receptivo, que nossa visão inocente da realidade precisava mudar. Foi um tempo doloroso. Se somos pais de filhos que estão chegando à maioridade, descobrimos que precisamos deixá-los partir e é doloroso entregar nossas crianças para um mundo cheio de perigos. Na meia-idade descobrimos que o alcance do nosso potencial, que parecia ilimitado, estreitou-se a um escasso punhado de opções. Henry David Thoreau abordou o assunto da seguinte maneira: "A juventude junta material para construir uma ponte até a lua ou, possivelmente, um palácio ou templo na Terra. No final, o homem de meia-idade acaba construindo com ele uma cabana".[4] Como se não bastasse aceitar a construção de uma cabana, cedo ou tarde precisamos aceitar que a beleza e o vigor da juventude estão esmorecendo, que a força que tínhamos está diminuindo, que a vida não dura para sempre. Precisamos enfrentar a morte de pessoas amadas, cujas vidas tinham valor inexprimível para nós. Finalmente, precisamos enfrentar nossa própria morte e a indiscutível perda de tudo pelo que nos esforçamos.

A dor do crescimento pode, às vezes, parecer maior do que podemos suportar. Todavia, somos mais do que nossa dor pois a vida é uma história. Em qualquer momento presente, a essência do nosso eu é composta não somente pelo que somos agora, mas por tudo que sempre fomos. E para levá-la adiante, a essência do nosso eu, como Deus a vê, também deve incluir tudo o que viermos a ser.

Nossa vida tem mais significado quando a vemos em sua forma completa, incluindo tanto os movimentos descendentes quanto os ascendentes. Ver apenas a tendência descendente à aniquilação e à ruína é desesperar-se desnecessariamente. Pensar apenas na tranqüilidade e na paz é ignorar uma parte significativa da experiência humana. Nunca iremos compreendê-la direito enquanto selecionarmos apenas uma parte de nós mesmos e a encararmos como se fosse o todo. Devemos englobar tudo. Em função de onde estamos no processo, isso significa aceitar um passado cuja lembrança às vezes traz dor, e ao mesmo tempo reunir coragem para entrarmos no vento tenebroso de um futuro desconhecido.

Exatamente aqui nos defrontamos com um dos dilemas da vida. Ela nos presenteia com dois tipos de experiências. Uma apóia as aspirações humanas e sustenta nossa crença de que as melhores coisas pelas quais nos esforçamos são nobres, belas e boas. A outra destrói nossa esperança e nos deixa fracos e impotentes. A vida nos confronta com o fato de que a sorte pode mudar de um momento para o outro e pouco podemos fazer a respeito. Eventos que a princípio parecem ocasionais, sem importância e propósito, evoluem para uma agressão sistemática a tudo o que consideramos valioso. Um exame de medula revela um tumor. O curso dos acontecimentos torna-se imprevisível, porém inexorável. A vida desliza à beira da insanidade, e olhamos para as profundezas repugnantes de um vazio que engole valores, tanto humanos quanto divinos e, todavia, ainda permanece um vazio.

Não conheço nenhuma maneira adequada de falar da presença desse vazio no universo. A Bíblia admite a existência do mal, assim como a de Deus, sem discutir ou explicar. Apenas sei que as ondas do vazio voltam com persistência às praias da experiência humana e as encontramos em tudo que é acaso, sem propósito e absurdo. O vazio é o reino do caos, do qual foram banidos para sempre o significado e o valor.

Quanto mais afirmamos a dignidade e o valor humanos, mais ficamos perturbados pela presença do vazio. Quando afirmamos, também, a bondade e o poder de Deus, a força do mal apresenta uma provação persistente e irresistível à fé. A história que dá significado e propósito à nossa vida não fala simplesmente de uma ascensão feliz ao êxtase e ao esclarecimento. Fala também de uma descida ao sofrimento, ao horror e à desolação. Talvez nos seja suficientemente fácil aceitar a ascensão feliz. Mas o que devemos fazer com a parte da nossa história que nos faz descer à dor e ao sofrimento? Como tratamos com o horror e a confusão? Como suportamos as palavras e visões que não sairão da nossa memória até que, por alguma espécie de exorcismo, venham a ser expulsas?

De alguma forma, temos de aceitar o sofrimento humano e a mortalidade sem perdermos nossa fé em tudo o que é belo, forte e bom. Ou, em outras palavras, confiar em Deus mesmo quando ele parece não ser confiável.

Os limites do tempo

O caminho da nossa vida é uma viagem pelo tempo, mas o tempo em si tem pouco poder de cura. Pelo fato de acumularmos experiências e as levarmos dentro de nós, não é o tempo transcorrido, em si, que as tornará distantes ou aliviará a dor.

Normalmente, pensamos como se os acontecimentos no tempo estivessem avançando inexoravelmente sobre nós vindos do futuro, atravessando o limite tênue do presente e distanciando-se em direção ao passado. Temos a tendência, em especial, de pensar que quando um evento nos atinge e torna-se passado ele continua a se afastar para sempre, ficando cada vez mais distante. Mas não é assim. Isso pode ser verdade quanto à distância cronológica, mas não é necessariamente verdade quanto à distância psicológica. O tempo medido pelo relógio não é o mesmo do medido pelo coração.

Certa vez, alguns amigos me contaram sobre uma mulher inglesa e um membro das forças armadas americanas que se apaixonaram durante a Segunda Guerra Mundial e planejaram se casar.

Mas o homem morreu em um acidente assim que a guerra acabou, e quando a mulher ficou sabendo o corpo já havia sido enterrado nos Estados Unidos. Passaram-se trinta anos. A mulher manteve contato com a família do homem durante todo aquele tempo e, finalmente, foi à América visitá-los. Ela pediu para ir à sepultura do homem e ali chorou como se aqueles trinta anos desde que o vira pela última vez não tivessem passado.

Apesar da passagem do tempo, nossas experiências passadas permanecem presentes, seja porque lembramos delas ou porque, como barro úmido, carregamos as marcas de tê-las vivido. O tempo não nos cura. Depois do mergulho no abismo, a cura não começa até que subamos à encosta por meio da dura tarefa de lembrar e perdoar.

Perdoando o passado

Meu trabalho durante os lentos meses que se seguiram à morte de Elizabeth foi me lembrar do terror, da dor, da aflição, do rancor, da raiva, da fraqueza, do último gesto débil, do peso e da frieza. Eu precisava me lembrar repetidas vezes até ser capaz de lembrar e continuar sendo eu mesmo enquanto lembrava. Quando pude fazer isso, descobri que duas coisas importantes tornaram-se possíveis: eu podia pensar no passado sem ser ferido por ele e podia perdoá-lo por ser o que era. *Perdoar*, porque liberar as feridas do passado é um ato muito parecido com o perdão.

Nunca é fácil perdoar. Todos nós fizemos coisas cuja maldade sentimos agora e pelas quais devemos tanto ser perdoados quanto nos perdoar.

A lista das minhas atrocidades é extensa e contém sabe-se lá quantos atos pelos quais eu poderia me detestar. Mesmo que eu não soubesse exatamente a maldade do ato na época, agora eu sei. Uma discórdia se levanta entre o eu do presente e o eu do passado, resultando em culpa, depreciação e, às vezes, em repugnância. Tenho tido de aprender a aceitar o perdão e a me perdoar. Quando sou capaz de fazer isso, a paz retorna. Não sinto aversão pela pessoa que sou agora pelo fato de que uma vez já escolhi a maldade em vez da bondade. Eu o perdoei, de fato, *precisava* perdoá-lo para estar inteiro.

Perdoar quem fomos no passado por que aquilo que fizemos nos prepara para algo ainda mais difícil. Devemos perdoar quem somos por termos tido as indizíveis experiências cujas lembranças nos causam dor. Precisamos nos perdoar não somente por termos sido maus, covardes e orgulhosos, mas também por termos sido impotentes para resistir à adversidade, ao terror e à desolação. Não é fácil esquecer o passado. Não é fácil esquecer o infortúnio. Mas se o futuro deverá trazer algo bom, nobre e belo, deve ser um futuro limpo pelo perdão do passado.

Enfrentando o futuro

A noite em que Elizabeth agonizou foi o nosso momento mais tenebroso de angústia e desespero. O passado não continha nada além do pavor que nos perseguia implacavelmente. O futuro traria mais terror — morte, desolação e vazio. Sabíamos disso e tínhamos razão. Tremíamos enquanto o vento soprava contra a porta e éramos impotentes quando ele forçava para entrar.

Mas aquele momento de trevas não durou para sempre. Chegou o tempo em que terminou, e o passado incluiu *tudo* novamente, não apenas os horrores. O futuro, também, assumiu uma nova feição. Ele ainda parecia vazio, porque ainda não havia acontecido. O futuro oferecia mais uma vez a possibilidade de bondade.

Possibilidade, veja. Não certeza. Permanecia a consciência de que estamos sempre nos equilibrando no fio da navalha, enfrentando o vento do futuro desconhecido, sem saber o que nos trará.

Era assim que parecia. Cresci em um lugar que raramente nevava, mas queria que nevasse cada vez mais. Nós crianças acreditávamos que a neve não cairia se quiséssemos muito que caísse. Se a observássemos, pararia de nevar. Por isso brincávamos junto à janela, esperando pela neve, desejando de todo o coração ver o primeiro floco e, contudo, mal nos atrevendo a olhar para que a nossa vontade não a fizesse parar.

Essa me parecia ser a forma de enfrentar o futuro, como se eu emergisse do horror das trevas. Comecei a ter esperança novamente, mas não consegui esquecer tão depressa que o futuro pode exercer sua própria e irresistível autonomia.

Em momentos diferentes, o futuro parecia ser tudo o que alguém já falara a respeito, tanto a acolhida quanto o medo. Naquela noite em que o futuro rastejava à porta, ele parecia tão difícil e evidente quanto o presente, tão inevitável quanto qualquer determinista se esmeraria em torná-lo. Em outros momentos, parecia incluir o reino infinito de futuros labirínticos de uma história de Jorge Luis Borges: "uma série de tempos, em uma rede crescente e vertiginosa de tempos divergentes, convergentes e paralelos."[5] Às vezes, o futuro parecia não ter existência e, todavia, ser conhecido de Deus tão perfeitamente como o são os nossos pensamentos para nós (conceito que Agostinho aceitava mas, no entanto, o deixava perplexo). Ou o futuro parecia o terceiro espírito de Charles Dickens: escuro, encapuzado e silencioso, com a mão apontando a vereda. Ainda em outros momentos, parecia ser o futuro de possibilidades de Jean-Paul Sartre com as quais a imaginação dota o presente e das quais devemos escolher apenas uma.

Deve haver inúmeros futuros e aquele que acontece é moldado por muitas coisas: a natureza física do universo para um, e o exercício do livre-arbítrio por parte dos seres sensíveis para outro. Todavia, quando tiver acontecido, será afinal apenas um futuro. Pelo fato de o tempo ser um processo contínuo, o futuro será um desdobramento do presente, assim como o presente o é do passado. O vento que sopra do futuro para nós não vem de alguma ordem estrangeira e descontínua da realidade. Vem de um futuro que nós teremos, de alguma forma, contribuído, mas perante o qual, de outra forma, teremos permanecido desamparados.

Não podemos saber qual dos futuros possíveis sobrevirá, mas podemos saber que entraremos nele levando conosco a nós mesmos. Não encontraremos o vento gelado completamente despidos, porque teremos o grau de preparo que o passado nos trouxe. Não vamos encontrá-lo totalmente impotentes, porque, mesmo em seus piores momentos, pelo menos iremos escolher nossa resposta interna. E não iremos encontrá-lo sozinhos, porque, no momento exato da luta com o anjo que não será derrotado, encontraremos o Deus que muda o nosso nome.

Tome coragem. A parede contra a qual você foi colocado será transformada em uma porta que se abre para fora. A profundidade do seu sofrimento se tornará o seu momento decisivo de transição.

2
No momento decisivo de transição

Encontrando a luz nas trevas

> Que todo o barro que há em você, toda a impureza,
> Sejam entregues ao fogo que há em você,
> Até que o fogo não seja mais nada além de luz! [...]
> Nada além de luz!
>
> EDGAR LEE MASTERS

Puxei o interruptor da luminária e a parte de cima de minha escrivaninha inundou-se de luz. Eram três horas da manhã. Peguei a caneta, datei meu diário e comecei a escrever:

> Três meses. Finalmente esvaziei o armário. Há muito tempo eu havia guardado os enfeites de Natal. Com uma caixa de lenço de papel ao meu lado, alternava entre embrulhar os enfeites e assoar o nariz. Limpei, em seguida, o armário da cozinha. Estava cheio de produtos como álcool, cotonetes, bandagens, gaze esterilizada, agulhas e pequenas pílulas brancas em xícaras. Por fim, terminei o armário. Bem no fundo encontrei uma sacola. Era uma sacola de compras pendurada em um cabide de casaco. Vê-la me trouxe

à memória dias bonitos. Fiquei curioso em saber o que Elizabeth colocara naquela sacola pendurada atrás das roupas. Abri-a, olhei dentro e amassei-a em uma pilha que estava no chão. Reclinei-me de lado, puxei meus joelhos até o peito e permaneci assim por um longo tempo. Eu encontrara o cabelo dela.

Peneirando o passado

Nos meses seguintes à morte de Elizabeth, meus filhos e eu enfrentamos a tarefa de analisar o passado e decidir o que levar conosco para o futuro. Essa esolha foi um momento difícil: o que conservar e o que deixar, o que levar conosco na travessia do Jaboque e o que deixar para trás.

Talvez um dia Stephanie e John escrevam sua própria história do que foi para eles encontrar seu próprio caminho. Não posso contar a história de ninguém além da minha. As tarefas que eu tive de enfrentar foram: suportar a lembrança de quatro anos durante os quais um ser humano sofreu a dor, o desamparo e o terror; enfrentar a morte de uma pessoa com a vida ainda pela metade, que queria viver para criar os filhos, trabalhar em seu emprego, tocar e olhar para as coisas que amava e, todavia, apesar de todos os esforços, não pôde viver para realizar essas coisas; sobreviver à violenta, quase demoníaca destruição da saúde, do bem-estar, da carreira, do casamento, da maternidade e da vida em si. O que levar comigo daquele terrível passado, e o que deixar para trás?

Era tão importante romper com o passado enquanto levávamos suas coisas boas conosco, que as crianças e eu realizamos uma pequena cerimônia. Certa manhã, durante o café, eu disse:

— Hoje seria o aniversário de sua mãe. Teremos um jantar especial e depois soltaremos balões no quintal.

Naquela noite, comemos *chow mein*[a] de frango, com a justificativa de que a mãe deles gostava desse prato, e torta de pêssego, que não precisava de explicação.

Durante a refeição eu disse:

— Vou dizer uma coisa e, depois, cada um de vocês dirá algo. Quando a mãe de vocês e eu nos casamos, moramos em um pequeno apartamento perto do colégio. Quando eles jogavam futebol americano nas noites de sexta-feira, podíamos ouvir a banda e o alto-falante anunciando os jogos, por isso nunca precisávamos comprar entradas. Para mobiliar o apartamento, tomamos emprestado uma geladeira e compramos um fogão de segunda mão por quinze dólares. Eu trouxe de casa a minha cadeira e o piano. Foi assim que começamos a organizar a casa.

Stephanie disse:

— Eu me lembro que todas as manhãs ela vinha me acordar cantando uma canção infantil.

John disse:

— Eu me lembro que ela me dava bala de goma quando eu conseguia dizer as cores em alemão.

Levamos os balões para fora, escrevemos neles palavras que só nós conhecíamos e os soltamos da calçada. Era um dia nublado e começava a escurecer. Os balões desapareceram rapidamente.

Não foi uma cerimônia sentimental. Afinal, foi vivida no momento presente, e as crianças eram reais — não atores de um filme — que deixaram sua lição de casa, músicas e vídeo game e estavam ansiosas para voltar a seus divertimentos. Elas nem se importaram com o *chow mein* de frango, tampouco soltar os balões tornou-se uma competição para ver qual iria mais longe. Po-

[a] Comida chinesa [N. do T.].

rém, eles entenderam muito bem o significado da noite. Foi um momento de recordação e relaxamento ao mesmo tempo.

Coisas do espírito

Ficou claro que as coisas mais importantes para levarmos conosco rumo ao futuro não eram objetos materiais, mas coisas do espírito. Somente elas são realmente valiosas, pois podemos adicioná-las ao mosaico de confusão e compreensão que passa por sabedoria nesse mundo imperfeito. Engolido pelo vento e tendo sido tanto aniquilado quanto renascido pelo seu poder, descobri uma crescente disposição para aceitar as coisas do espírito de uma forma nova para mim.

Lembro-me do dia em que esvaziei as gavetas da cômoda.

Na gaveta junto à cama encontrei a Bíblia de Elizabeth. Abri-a e notei que ela sublinhara passagens dos Salmos. As primeiras palavras que me saltaram à vista foram: "Dá atenção ao meu clamor, pois estou muito abatido".[1] As palavras expressavam exatamente o pensamento dela durante aqueles dias e noites de sofrimento e incerteza, apesar de terem vindo até ela de uma enorme distância no tempo e no espaço.

Depois havia esta súplica: "Não me negues a tua misericórdia, SENHOR [...]. Pois incontáveis problemas me cercam".[2] Sim. Foi dessa forma, especialmente no final, quando tudo dentro dela ia mal, e parecia que até a misericórdia de Deus havia chegado ao fim.

E então esta confiante esperança: "O SENHOR o susterá em seu leito de enfermidade, e da doença o restaurará".[3] Não. Isso não aconteceu. E mesmo assim, a despeito disso, havia esta surpreendente afirmação: "Eu te louvo [...]. Tuas obras são maravilhosas! Digo isso com convicção".[4]

Por fim, encontrei estes surpreendentes versículos:

> Estou encurvado e muitíssimo abatido;
> o dia todo saio vagueando e pranteando.
> Estou ardendo em febre;
> todo o meu corpo está doente.
> Sinto-me muito fraco e totalmente
> esmagado;
> meu coração geme de angústia.[5]

As palavras descreviam exatamente o que Elizabeth sentira durante os derradeiros meses de sua enfermidade.

Os salmos sublinhados eram o significado evidente de que Elizabeth tomara emprestada a linguagem daqueles antigos poemas hebraicos para expressar seus próprios sentimentos de tristeza e desamparo e seu sentimento por Deus. Li outros salmos e observei — como se fosse a primeira vez — quantas alusões havia ao sofrimento, à doença e à morte. O livro de Salmos contém não somente os brados alegres de israelitas batendo palmas e produzindo um som de júbilo perante o Senhor. Ele contém também os gemidos e súplicas do enfermo, do atemorizado e do moribundo. Eu já sabia disso. Agora, dei-me conta pela primeira vez.

O que havia naqueles salmos que levara Elizabeth a sublinhá-los e recorrer a eles inúmeras vezes? O que havia de comum entre a experiência de um antigo poeta hebreu enfermo em seu leito rústico e uma mulher dos tempos modernos adoecida em sua cama? Eu queria saber, por isso li os salmos como nunca o fizera antes.

Os salmos levaram-me ao livro de Jó. Quando estamos dispostos a ouvir o que a Bíblia diz a respeito da doença e do sofrimento, vamos prontamente ao livro de Jó. Ali encontrei mais passagens sublinhadas por Elizabeth. Como nos salmos, alguns versículos marcados eram intensamente pessoais: "Por que se dá luz aos infelizes, [...] aos que anseiam pela morte e esta não vem?"[6] "Quando me deito, fico pensando: Quanto vai demorar para eu me levantar? A noite se arrasta, e eu fico me virando na cama até o amanhecer".[7] "Sinto desprezo pela minha vida! [...] deixa-me, pois os meus dias não têm sentido".[8] E junto a esses lamentos das profundezas do sofrimento estava o seguinte: "O SENHOR o deu, o SENHOR o levou; louvado seja o nome do SENHOR".[9]

Também havia versículos sublinhados no Novo Testamento. Ali, mais ainda do que no Antigo, o sofrimento e o louvor estão entrelaçados. E ali, pela primeira vez, ao lado do sofrimento e do louvor está o nome de Cristo. "Bendito seja o Deus e Pai de nosso Senhor Jesus Cristo, [...] que nos consola em todas as nossas tribulações, [...] Pois assim como os sofrimentos de Cristo transbordam sobre nós, também por meio de Cristo transborda a nossa consolação".[10] "O Deus de toda a graça, que os chamou para a sua glória eterna em Cristo Jesus, depois de terem sofrido durante um pouco de tempo, os restaurará, os confirmará, lhes dará forças".[11]

O momento decisivo de transição

Havia anos que eu tinha familiaridade com os salmos, com a história de Jó e seus encontros com Deus no redemoinho de vento, e com a história da agonia de Jesus no Getsêmani e do intenso sofrimento que pôs fim à sua vida. Antes, eu sempre lia aquelas histórias sem muito envolvimento, com uma espécie de interesse objetivo. Agora, eu os lia como um participante. Sabia que aquelas histórias tinham muita importância para o ser humano. Agora, eu conhecia sua grande importância para mim.

Como Jacó, eu lutara com Deus a noite toda e chegara a um momento decisivo de transição. De alguma forma e de uma maneira nova, vi-me pronto a receber das histórias dos salmistas, de Jó e de Jesus uma capacitação e uma compreensão que antes eu não tinha. Uma luz se acendeu. Uma pequena luz, mas às três horas da madrugada agradecemos por qualquer luz.

Em tais momentos decisivos de transição, nossa compreensão se aprofunda e se alarga. A luz atinge os recantos do nosso eu que há muito estavam escondidos na sombra e, depois, nunca mais somos os mesmos. O momento decisivo de transição geralmente vem depois da catástrofe. Não digo que Deus envie catástrofes com esse propósito. Porém, elas de fato vêm e, às vezes, traçamos nosso caminho através delas para algo significativo, para algo que nos impele para frente. Penso que sei como isso acontece. A catástrofe esgota nossos próprios recursos interiores e nos deixa preparados para virar e olhar para frente — como se fosse a primeira vez — e nos deixa abertos a algo mais amplo e mais sábio do que nós. Descobrimos, no momento decisivo de transição, um recurso que antes não havíamos notado.

Apesar de parecer contraditório, a catástrofe pode revelar que a esperança e a confiança são apoiadas pela realidade concreta do agir de Deus. Se no centro das trevas nos parece de outra forma — e certamente parecerá — isso se deve, do nosso ponto de vista dentro do tempo, ao fato da história universal de Deus estar ainda em processo de realização. Todavia, o Deus que está além do tempo deixou toda a marca da sua história em nós, e a encontramos mesmo quando engolidos pelo vento e pelas trevas.

No capítulo seguinte, examinaremos os Salmos, o livro de Jó e a história de Jesus. Vou falar o que puder a respeito do significado que eles têm para a vida e para a fé quando nem um nem outro parecem possíveis. Não posso esperar dar uma resposta fácil e definitiva ao problema do sofrimento. Nenhuma resposta a qualquer problema importante é fácil ou definitiva, e o problema do sofrimento é o mais obstinado de todos. Mas existe um bem no universo junto com o mal e ele procura fazer-se conhecido. Tentarei colocar em palavras a essência do que aprendi e mostrar como isso me ajudou a encontrar o meu caminho.

3
Na sombra da morte

A vida e a morte nos Salmos

> Em tenebrosa aflição clamei ao meu Deus,
> Quando sequer nele eu podia acreditar.
>
> HERMAN MELVILLE, *Moby Dick*

Vou tentar mostrar o que aprendi nos Salmos, aqueles poemas, orações e hinos nos quais o homem se dirige a Deus. Meu ponto de partida é, entretanto, ainda anterior e remete ao Antigo Testamento, ao livro de Gênesis, porque é ali que encontramos quem é o homem — esse homem que fala a Deus nos Salmos.

O homem de barro

No segundo capítulo de Gênesis, encontramos a história de como Deus, trabalhando como um oleiro em sua roda, fez um homem de barro e soprou nele o fôlego da vida. A história conta-me o que significa ser um homem de barro animado pelo sopro de Deus, e me diz o que significa morrer.

Primeiro, aprendo a partir dessa história que eu venho da terra, que sou feito do pó. Outras coisas são conseqüências disso.

Sou matéria. Parte do que significa ser eu é ter este corpo: este calo no polegar (de tocar clarinete), esta cicatriz no calcanhar (dos aros de alguma bicicleta), estes braços e pernas, estas nádegas, esta cintura que é alta demais para se ajustar às minhas calças. Eu sou muito frágil. O pecado mais ultrajante do homem de barro é a presunção irracional de que é poderoso. Ele caminha orgulhoso de um lado para o outro na Terra, imaginando que é o Ser Supremo. Mas não é. Sentir a fragilidade do pó é limpar-se da presunção. Eu sou transitório. Posso viver até os 97 anos e plantar bananeira todos os dias como meu pai, William. Mas um dia meu fogo se extinguirá. As pessoas olharão em volta por um breve momento, e eu não estarei mais aqui. Isso, também, significa ser da terra.

Segundo, aprendo que não venho somente da terra. Venho também de Deus. Fui projetado e feito por ele: "de modo especial e admirável", de acordo com um dos salmos.[1] Por provir de Deus, o homem de barro possui a vida de Deus, uma propriedade não inerente ao pó, mas recebida de fora. Ou mais precisamente, recebida pelo sopro da boca do Todo-poderoso. E o homem de barro encarna o apetite, a vontade, o desejo, da mesma forma não inerentes ao pó, mas obtidos por empréstimo de Deus.

Terceiro, aprendo com essa história um pouco do que significa a morte para o homem de barro. O pensamento popular geralmente trata a morte como a libertação da alma de sua prisão para flutuar em graciosos nevoeiros por toda eternidade. Em contraste, o antigo hebreu retrata a morte como a vida originada em Deus retornando a ele mais uma vez, e a parte do homem derivada do barro voltando novamente ao pó. Para o antigo hebreu, a vida sem o corpo não é felicidade; é perdição, um tipo de semi-existência em uma terra de sombras onde não se pode mais lembrar do Senhor, nem louvá-lo em seus átrios.[2]

Devo falar um pouco mais a respeito desse último ponto. O hebreu de fato pensava que sobreviveria à morte e entraria em um outro mundo de experiência, o qual ele chamava de *sheol*, o lugar para onde iam os mortos. Mas parecia um lugar profundo e vagamente iluminado, um lugar silencioso onde as sombras dos homens lembravam-se como era estar vivo. Parece que durante muito tempo, o conceito hebraico da vida após a morte não passava disso. A especulação teológica nos últimos séculos antes de Cristo, controlada até certo ponto pelo ensino da Escritura, preparou o caminho para a afirmação de Paulo de o que acontecera na ressurreição de Jesus acontecerá um dia ao homem de barro. Ele terá, em um novo mundo, a experiência chamada ressurreição do corpo. Nesse novo mundo, seu corpo será, de alguma forma, a continuidade do corpo de barro e, ainda assim, suficientemente diferente, pois pertencerá a outra ordem do ser.[3] Mas do ponto de vista dos salmistas, tudo isso ainda não estava revelado.[a]

Até onde o salmista sabia, esta vida de barro é o seu único tempo para provar a alegria antes de partir e não mais existir.[4] É por isso que ele valoriza a vida longa, pois se um dia ele deve alcançar suas aspirações, precisa ter tempo suficiente na Terra. O

---

[a] Duas declarações no livro de Salmos parecem contrariar esse ponto de vista. O salmo 49.15 diz: "Mas Deus remirá a minha alma do poder da sepultura" (ARC — Almeida Revista e Corrigida), e o salmo 73.24 diz: "e depois me receberás em glória" (idem). No primeiro exemplo, provavelmente o significado é que Deus salvará o salmista da morte prematura. No segundo, o significado mais provável é: "e depois me receberás com honras", talvez como um governante recebe seu servo. Se isso implica em uma vida no céu com Deus é algo a ser analisado, e ficamos com duas possibilidades fundamentais: se o salmista está usando uma imagem sem referência intencional para a vida após a morte, ou se ele está dizendo que o seu relacionamento com Deus, de certa forma, transcenderá a morte física. Seja qual for, não temos justificativa para encontrar noções altamente desenvolvidas da vida após a morte entre os antigos israelitas, porque existe pouca evidência concreta de que eles tenham tido alguma, e muita evidência de que eles não tiveram.

homem sábio e bom, portanto, ama a vida "e deseja ver dias felizes".[5] Deus reconhece esse desejo e diz ao homem fiel: "Vida longa eu lhe darei".[6] Contrariamente, se a justiça for feita, o ímpio não chegará à meia-idade: "Farás descer à cova da destruição aqueles assassinos e traidores, os quais não viverão a metade dos seus dias" — e o fiel acrescenta no mesmo fôlego: "Quanto a mim, porém, confio em ti", ou seja, confia que Deus lhe dará uma vida longa.[7] Assim, o homem que suplica para Deus cumprir sua promessa, acrescenta com prudência: "Lembra-te de como é passageira a minha vida".[8] Isto é, seria melhor que o Senhor cumprisse sua promessa rapidamente, porque a vida humana é medida em anos, não em séculos, e na melhor das hipóteses somente: "floresce como a flor do campo; que se vai quando sopra o vento e nem se sabe mais o lugar que ocupava".[9]

O homem dos salmos vive perpetuamente com a idéia: "Agora é a minha única oportunidade". Se deve haver contentamento, deve ser encontrado sob a videira e a figueira. Se deve haver saúde e bem-estar, devem vir rapidamente, antes que a fragilidade dos anos torne a pessoa como se estivesse morta. Se alguém precisa ser defendido dos seus inimigos, os dentes deles precisam ser quebrados *agora*, enquanto ainda vivem. A justiça e a defesa precisam ser feitas rapidamente, ou nada mais importará.

Viver o presente

Quando se tem um conceito reduzido ou nenhum da vida após a morte, qual a escolha de vida que se faz diante da morte? O salmista e muitos outros se defrontaram com essa questão no mundo antigo, e nós nos defrontamos com ela novamente em nosso tempo.

Uma das soluções mais difundidas é abandonar idéias grandiosas de deixar sua marca no mundo ou conseguir um status de super-humano nesta vida. Seja feliz por ter uma vida boa e estável em uma escala humana. Faça o bem. Desfrute os prazeres da família e dos amigos. Desfrute a beleza da arte e do mundo natural. Entalhe seu espaço pequeno e temporário na história maior da humanidade, sabendo que a história continuará depois de você e será afetada — mesmo que ainda em grau modesto — pelo fato de você ter estado aqui e de ser lembrado pelos poucos que o conheceram. Acima de tudo, seja grato até mesmo pela dádiva passageira da vida, vivida, como ela é, na sombra da mortalidade.

Essa visão da vida no curto prazo é muito difundida e a encontramos por toda parte. É vivida nas decisões do dia-a-dia de milhões de homens e mulheres e recebe expressão artística em filmes, músicas, romances e na poesia. Stephen Crane pede apenas que: "você e seus alvos braços estejam presentes, e que o outono dure bastante". E. B. White fala da passagem das estações e do ciclo da vida e diz: "Todas estas visões, sons e cheiros são seus para desfrutar [...] este mundo agradável, estes dias preciosos". Há muito o poeta latino Horácio advertiu: "Já que o tempo é curto, reduza as grandes esperanças. Até quando falamos, a vida foge de maneira hostil. Agarre-a hoje! Pegue-a pela asa! Não conte tanto com o amanhã". E muito antes de Horácio, a sabedoria babilônica ensinava o mesmo: "Que tuas vestes sejam cintilantes, tua cabeça seja lavada [...]. Atenda ao pequeno que segura tua mão, que teu cônjuge se deleite em teu seio! Porque esta é a tarefa da humanidade!"[b]

---

[b]Peguei esses exemplos de vários livros que tenho em casa. Eles não apenas ilustram a abordagem imediatista da vida, como também o grau de abrangência dessa visão. Eles são, pela ordem: Stephen Crane, poem 10 in *The Black Riders and Other Lines* (Boston: Copeland & Day, 1895); E. B. White, *Charlote's Web* (New York: Harper & Row, 1952, 164; Horace, *Odes* 1.11 (23 a.C.), *The Epic of Gilgamesh* (2000 a.C.), versão babilônica antiga, tábua 10,3, in *Ancient Near Eastern Texts Relating to the Old Testament,* ed James. B. Pritchard, trad. E. A. Speiser, 3d ed. (Princeton: Princeton University Press, 1969), 90; reimpresso com permissão da Princeton University Press. O contexto da citação de *Gilgamesh*, a propósito, mostra semelhanças com Salmos 115.17; Eclesiastes

A solução de curto prazo é uma convocação para saturar-se dos prazeres diários da vida: comer, beber e ter a confortável sensação de roupas limpas em um corpo asseado, o toque de uma pequena mão alcançando a mão maior e a companhia das pessoas que te amam. É um conselho para receber cada momento pelo que ele oferece e viver como a libélula, que "deixa a casca para que sua face tenha um rápido vislumbre da face do sol".[10]

O que me causa estranheza é que, como solução prática, isso faz muito sentido, e até certo ponto posso dizer: "Sim, eu posso viver assim". Afinal, esta *é* a nossa única oportunidade *nesta* vida. Viver o presente nos levará, pelo menos em parte, junto com nossas esperanças para uma vida feliz em um mundo onde nem felicidade nem vida são garantidas. E essa não é de todo incompatível com a vida religiosa. Existe pelo menos um pouco dela na Bíblia. O Antigo Testamento dá um alto valor à vida longa e a filhos felizes. O livro de Eclesiastes fala do prazer de comer e beber, do lar e da lareira, das roupas de festa e da boa aparência".[11]

Nos meses seguintes à morte de Elizabeth, a percepção que tive aos poucos foi a de que um dos segredos da vida de uma pessoa consiste em estar vivo enquanto se está vivo. A vida em seu aspecto imediato tornou-se uma questão de a cada dia encontrar algo em que se deleitar. Pode ter sido a súbita, inesperada brisa que levantou um redemoinho de folhas próximo aos meus pés. Ou uma placa que dizia: "Examine à vontade. Pague dois e leve três". Ou uma árvore de Judas perto de um salgueiro, próximo a um cedro escuro e velho. Ou um inesperado abraço de urso dado por meu filho, ou um beijo impulsivo de minha filha. Eu aprendi,

---

5.18; 8.15; 9.8-9. A tábua na qual está escrito data do período da antiga Babilônia, 1750-1600 a.C., sendo, assim, provavelmente mais antigo do que são os textos bíblicos. Penso que isso mostra o seu grau de popularidade, em vez da dependência literária direta.

ou melhor, comecei a aprender, que a satisfação é uma questão de receber cada oportunidade única de prazer.

Também comecei a aprender que é uma questão de receber as oportunidades comuns, da mesma forma. As tarefas repetitivas diárias podem tornar-se oportunidades de prazer, apenas se a pessoa puder agarrá-las com amor e não com ressentimento. Comecei a notar que gostava de me levantar pela manhã e abrir as cortinas e venezianas para saudar o dia, chuvoso ou ensolarado. Eu gostava de lavar os pratos, apreciando cada copo, prato e colher que enxugava e guardava. Gostava de estacionar no pátio da escola alguns minutos mais cedo, enchendo-me com a imaginação silenciosa dos zumbidos, prestando atenção às vozes distantes, ao canto dos pássaros e ao som dos pneus no asfalto, depois à campainha, aos repentinos gritos e à onda de braços e pernas se movendo e cabeças se agitando. Na hora de dormir, eu gostava de ler para os meus filhos livros que produziam imagens em nossa mente e se tornavam parte da nossa experiência compartilhada. Eu gostava de puxar os cobertores à noite e descansar o rosto no travesseiro frio e macio. Ouvia o latido distante dos cães e pensava no lago Maggiore, na enseada de Cades ou em algum outro lugar enquanto o sono não vinha. E, no momento presente, digo a mim mesmo que se devo encontrar alguma satisfação nesta vida — minha única oportunidade é nesta vida — preciso encontrá-la neste preciso momento, enquanto escrevo este livro, sentado à minha escrivaninha, ao lado de uma janela aberta, enquanto cai uma chuva silenciosa e os veículos se movem na rua molhada. Este é o único momento verdadeiro. Este é o único momento que está à minha disposição. Não há outro. Se eu não posso aceitá-lo com amor e encanto, então perdi minha oportunidade, porque não existe outra.

Mas existe mais a ser dito. A solução de curto prazo pode presumir uma visão do mundo fundamentalmente diferente da visão do antigo Israel e dos Salmos. Os salmistas sabiam da urgência de encontrar paz e de exigir vingança imediata, e sentiam a dor e a injustiça com profunda intensidade. Contudo, ao mesmo tempo afirmavam um compromisso inabalável com Deus. Tinham uma visão ímpar sobre a vida diante da morte e em meio à dor e ao terror. A solução prática deles ia muito além do que a solução imediatista pode oferecer, enquanto, ao mesmo tempo, apoiava os valores humanos atacados pela injustiça e pela morte.

Pelo fato de eu também geralmente sentir que o bem deve ser alcançado rapidamente ou nunca o será, os salmistas tornaram-se meus aliados. Mas por eu ter um espírito resistente e voluntarioso, o firme compromisso dos salmistas em relação a Deus coloca diante de mim um sério desafio. Tão sério que exige uma consideração mais profunda. É esse desafio que vamos considerar em seguida.

4

A decisão pelo louvor

Salmos de raiva e pavor

> Os dias na prisão
> Ensinam o homem livre a louvar.
>
> W. H. AUDEN, "Em memória de W. B. Yeats"

Cresci em um mundo cheio de salmos. Quando eu era menino, um pequeno quadro de cerâmica pendurado na parede da sala de estar proclamava estas palavras de um dos salmos: "Deleite-se no SENHOR, e ele atenderá aos desejos do seu coração".[1] Na Escola de Ensino Fundamental Appleby, todas as atividades terminavam com a recitação do último versículo do salmo 19: "Que as palavras da minha boca e a meditação do meu coração sejam agradáveis a ti, SENHOR, minha Rocha e meu Resgatador".[2] Um quadro bordado em ponto-cruz, que chegou faz alguns anos como presente de Natal, também tem uma mensagem dos Salmos: "Mostra-me, SENHOR, os teus caminhos, ensina-me as tuas veredas".[3]

Tomamos emprestadas dos Salmos palavras de consolação e encorajamento, e isso é bom. Mas algo tem sido negligenciado.

Um elemento com o qual não sonhamos e nem penduramos na parede da sala de estar percorre os Salmos. Nunca vi um quadro decorativo de cerâmica que diga: "Puseste-me na cova mais profunda, na escuridão das profundezas". Nunca vi um prato decorado com os dizeres: "De tanto gemer estou reduzido a pele e osso". Nunca vi um broche da escola dominical com este desejo para o ímpio: "Sejam como a lesma que se derrete pelo caminho". Nem jamais espero vê-las, apesar dessas palavras, e muitas outras parecidas, virem direto dos Salmos.[4] É mais fácil, de fato, encontrar salmos ameaçadores do que amáveis, porque há mais deles. Eles constituem um elemento principal para o qual *ameaçador* é a palavra exata. Dão vazão irrestrita à paixão animal. Temos o direito legítimo de tomar emprestado deles a linguagem que expresse a nossa própria dor, quando ela ameaça subjugar-nos.

Cânticos de raiva e pavor

Há muito foi reconhecido que os salmos podem ser agrupados em categorias. Uma dessas categorias é o lamento. Em um lamento típico, o salmista clama ao Senhor por ajuda, fala da sua angústia enquanto protesta que isso não deveria estar acontecendo a ele, afirma sua confiança de que Deus endireitará as coisas e, talvez, agradece antecipadamente pela ajuda de Deus. As aflições que dão origem aos lamentos são normalmente doenças ou inimigos e, geralmente, os dois. O salmista está convencido de que a ajuda oportuna de Deus é justa, e a razão que ele dá é, às vezes, pragmática. Se o Senhor permitir que ele morra, bem, haverá um israelita a menos para lhe cantar louvores.[5] Em outros momentos o motivo é legal. O salmista é inocente, como o Senhor pode facilmente descobrir se apenas olhar para o coração do homem.[6] O ângulo legal pode, às vezes, parecer uma súplica especial. O reclamante se queixa que, enquanto estava doente, seus inimigos zombavam dele e rangiam os dentes para ele. Todavia, quando *eles* estiveram doentes, ele jejuou vestido com vestes de lamento e andou como se estivesse lamentando por sua própria mãe.[7]

É freqüente o fato de versículos suaves, que enfeitam broches e quadros, serem expressões de esperança, confiança ou declaração de um tratamento moral dócil, que também são uma característica regular dos lamentos. O versículo bordado em seu quadro pode, de fato, vir de um lamento, ou seja, de um salmo de raiva e pavor clamado ao vento.

Eu contei 62 lamentos entre os 150 salmos. Você pode chegar a uma conta diferente devido à dificuldade de decidir em alguns casos se um salmo se enquadra como lamento. Mas permanece o fato de que os lamentos são, de longe, a maior categoria isolada do Saltério. Talvez seja por precisarmos mais deles do que de outras categorias.

O vento gelado

Pelo fato de eu ser cristão, minha crença inclui elementos não encontrados na crença hebraica. Agora que Jesus veio, creio que de algum modo obtivemos uma nova possibilidade com referência ao homem e ao que acontece a ele. Creio na ressurreição do corpo no último dia e no gozo eterno da presença de Deus, apesar de sustentar que recebemos menos informação a respeito de tudo isso do que muitas pessoas presumem.

Mas apesar da minha crença ser cristã, minhas experiências de vida são mais compatíveis com a antiga crença hebraica. Em minha própria experiência, não encontrei a ressurreição do corpo nem a eterna felicidade dos santos. Creio nessas coisas, porque foram reveladas por meio da vinda de Jesus Cristo. Mas o mundo que se apresenta aos meus sentidos é o mundo do homem hebreu. E eu me vejo dizendo: "Esta é a minha única oportunidade".

O bem deve vir agora ou não virá. Quanto tempo, ó Senhor, para a vinda do bem?"

Falando francamente, depois da morte de Elizabeth as pessoas me diziam que ela estava em um lugar melhor (do qual eu não podia duvidar) e que algum dia nós nos juntaríamos a ela. Mas esse sentimento não ajudava de jeito nenhum. Era o que eu acreditava ser verdade, mas não o que experimentava. Tudo em que eu podia pensar era no pavor, no sofrimento, na raiva, no desamparo, no desespero, na fraqueza, na rajada de vento gelado e no espasmo final da mão, antes que a morte trouxesse tudo à quietude e ao silêncio. Parecia-me que falar de anjos levando embora a sua alma era uma banalização do que ela acabara de passar. Eu não queria aquelas imagens naquele exato instante, eu queria os salmos.

Nem as pessoas que estão morrendo sempre querem palavras de felicidade e glória eterna. Minha avó não queria. Na época eu não a compreendi. Eu era apenas um menino. Mas agora compreendo. Por alguma razão, eu estava sozinho com ela no quarto, poucos meses antes de sua morte. Ela estava sentada na cama, recostada nos travesseiros, envolta em uma camisola. Ela olhou para mim e disse:

— Eu vou morrer.

Ela estava com raiva.

— Não, você não vai — eu disse.

Ela ficou mais brava ainda.

— Eu também vou morrer!

Eu respondi com um sentimento que não era meu, mas que ouvira de outras pessoas:

— O cristão jamais morre.

— O cristão jamais morre! — ela lamentou — Sim, eles morrem! Olhe só como os cemitérios estão cheios. Como você acha que aquelas pessoas chegaram ali?

— Não é isso que estou querendo dizer — respondi.

— O que você quer dizer, então?

O sentimento para o qual eu estava apelando era mais ou menos este: "Nenhum cristão jamais morre por completo, nunca deixa de existir. Pense na vida depois da morte, pense na ressurreição". Mas eu era pequeno demais para discutir teologia. Ela era muito mais velha que eu, estava com raiva, e era minha avó.

— Ah, a senhora sabe — eu disse, e deixei o assunto morrer.

Ela se aprumou e olhou-me fixamente. Ela vencera. Ela ia morrer.

O que eu compreendo agora é que minha avó oscilava entre o paradoxo cristão, a polaridade entre a fé e a experiência. Ela queria alguém que pudesse aceitar o que ela estava vivenciando. Acontece que eu não era aquela pessoa. Ela não abandonou suas convicções cristãs. Reconhecia que estavam ancoradas em realidades concretas. Porém, ela estava em um limiar, inclinando-se para o vento gelado que soprava de um futuro sombrio e encapuzado e sentia medo, dor e raiva. Ela queria admitir que aquelas coisas *também* eram reais.

Eu encontrei a mesma polaridade na morte de Agostinho, o grande teólogo do século 5. Ele está à beira da morte na cidade de Hipona, no verão de 430 d.C. Seu amigo e biógrafo, Possidius, conta-nos que Agostinho tinha "aqueles salmos de Davi que são especialmente penitenciais" pregados à parede junto à cama. "Quando ele estava muito fraco, costumava ficar na cama olhando para a parede onde estavam as folhas de papel, contemplando-as, lendo-as e chorando continuamente enquanto lia". Possidius compreendeu isso como "o dever de fazer uma justa e adequada penitência antes de partir desta vida".[8] Possidius conhecia bem Agostinho e se ele diz que aquele era o propósito de Agostinho em meditar naqueles salmos não vou discutir. Agostinho de fato tinha uma má consciência e, sem questionar, teria desejado estar contrito à morte. Mas será que havia algo mais?

Se aqueles eram de fato os sete tradicionais salmos penitenciais, então podemos procurá-los e ler exatamente as palavras que Agostinho mantinha diante de si durante sua enfermidade final. Encontramos, claro, palavras de confissão: "Então reconheci diante de ti o meu pecado e não encobri as minhas culpas".[9] "Confesso a minha culpa; em angústia estou por causa do meu pecado".[10] "Pois eu mesmo reconheço as minhas transgressões, e o meu pecado sempre me persegue".[11] Mas encontramos mais. Mesclado com os gemidos de consciência, encontramos gemidos de enfermidade e medo:

> Estou exausto de tanto gemer.
> De tanto chorar inundo de noite a minha cama;
> de lágrimas encharco o meu leito.
>
> Os meus olhos se consomem de tristeza;
> fraquejam por causa de todos os meus adversários.[12]
>
> Estou ardendo em febre;
> todo o meu corpo está doente.
> Sinto-me muito fraco e totalmente esmagado;
> meu coração geme de angústia.[13]
>
> Esvaem-se os meus dias como fumaça;
> meus ossos queimam como brasas vivas.
> Como a relva ressequida está o meu coração;
> esqueço até de comer!
> De tanto gemer estou reduzido a pele e osso.
> Sou como a coruja do deserto,
> como uma coruja entre as ruínas.
> Não consigo dormir;
> pareço um pássaro solitário no telhado.[14]

Essas palavras nos dão um quadro mais completo da experiência do homem que está à morte. Ele olha para a parede, move os lábios e chora, porque deseja palavras de súplica de perdão por seus pecados. Ele também encontra uma voz para sua enfermidade, sofrimento e proximidade da morte.

O salmista é a pessoa de quem precisamos quando carecemos de alguém para reconhecer a raiva e o pavor que fazem parte do viver e do morrer, quando precisamos da companhia de alguém cujo mundo se pareça com o nosso: efêmero, finito, que desaparece antes que o bem chegue.

Neste momento você já terá suposto que os versículos suaves nunca me ajudaram durante a crise familiar da qual falei um pouco. Tampouco os desejos do nosso coração! Isso foi exatamente o que *não* se tornou realidade. Na metade da vida, única chance da minha esposa neste mundo, o relógio correndo, nada melhorando e a maior parte das coisas piorando, será que deveríamos esperar ser consolados ao falar sobre Deus conceder os desejos do nosso coração? Provavelmente não! Não quando todas as experiências diziam exatamente o contrário.

Descobri que, às vezes, o que mais precisamos não são palavras amáveis, mas palavras de raiva e pavor. Os salmos ameaçadores nos dão essas palavras.

Quando a sabedoria falha

E não somente palavras. Eu disse anteriormente que os Salmos colocaram diante de mim um sério desafio. Agora é o momento de falar mais a respeito disso.

Junto com a solução de curto prazo, em sua forma antiga ou moderna, temos a solução dos Salmos. A questão é a mesma: como viver e sofrer em face à morte? Algumas suposições são as mesmas: há pouca consciência de um mundo de experiência além do presente; o bem deve chegar agora ou nunca; e o universo dolorosamente trai os valores humanos. Até mesmo parte da solução é a mesma. A solução de curto prazo é aproveitar os prazeres do momento e contentar-se com a morte de alguém. Essa sabedoria pode ser acomodada à vida religiosa, e com ela eu tenho aprendido.

Mas há um ponto no qual a sabedoria de curto prazo falha. O momento presente pode não oferecer prazeres. Pode tornar-se apenas algo a ser suportado. Pode, às vezes, parecer uma passagem estreita pela qual alguém tem que se espremer, fechando bem os olhos, sufocando, sentindo os ouvidos, o cabelo e a pele de alguém sendo rasgados, sem saber quando a passagem terá fim, mas esperando contra toda esperança a luz do sol, o ar e a liberdade retornem. Em tais momentos, a sabedoria de curto prazo falha. A única solução adequada é aquela que não se desfaz exatamente no ponto em que mais precisamos dela.

Os salmistas oferecem tal solução. Mas é difícil.

O Deus dos Salmos

A solução dos salmistas repousa sobre um fato fundamental da religião bíblica: só há um Deus, e não existe outro além dele. Entretanto, isso é mais do que simplesmente afirmar a singularidade numérica de Deus, como se depois de contar você tenha chegado a apenas um (apesar de *haver* apenas um e ser importante saber esse fato). A fé dos salmistas afirma que Yahweh é o único Deus acima nos céus e embaixo na terra, e não existe outro.[a]

Assim, o salmista declama: "Que deus é tão grande como o nosso Deus?" e declara que "Todos os deuses das nações não pas-

---

[a] A palavra hebraica *Yahweh* é o nome pessoal pelo qual o Israel antigo dirigia-se a Deus. Mais tarde o nome Yahweh deixou de ser usado, e foi substituído por um termo que significa "Senhor". Nas Bíblias em inglês, com raras exceções, a palavra *Senhor* é usada de forma consistente para representar o nome Yahweh.

sam de ídolos, mas o SENHOR fez os céus".[15] Yahweh é "o grande Rei sobre toda a terra!", e ele "é o rei de toda a terra".[16] Ele, é o Criador do mar e da terra seca.[17] Ele se manifesta nos fenômenos da natureza: na nuvem, na tempestade, no relâmpago.[18] Yahweh é o justo juiz de todos os povos da terra.[19] O seu trono está no céu, e os seres celestiais o louvam; eles existem para executar suas ordens.[20]

Yahweh era concebido como o guerreiro de Israel, porque era poderoso para salvar; como juiz, porque agia com justiça e misericórdia; e como rei, porque governava a terra e seu povo. Ele era continuamente declarado santo, "separado", porque além de ter criado o universo, havia apenas uma outra realidade, e ela era Yahweh. Ele era EU SOU O QUE SOU; como diríamos, ele era o ser puro, não-condicionado, que criou todas as coisas. Ele é o "Alto e Sublime", diz o profeta Isaías, que habita "num lugar alto e santo", mas habita "também com o contrito e humilde de espírito".[b]

Dentro desse quadro de referência, quando os salmistas têm a experiência do livramento do mal, naturalmente é a Deus que elevam sua ação de graças. Ele é a rocha, a proteção, o redentor, o "nosso refúgio e a nossa fortaleza", o "auxílio sempre presente na adversidade".[21] Porque Deus tem sido "uma fortaleza poderosa" para salvar[22], eles elevam sua celebração; alegram-se "no SENHOR"

---

[b]Isaías 57.15. Em Êxodo 3.13-15, o nome Yahweh está relacionado à revelação divina: EU SOU O QUE SOU. Em hebraico, existe uma semelhança verbal entre as duas expressões que não podem ser mostradas facilmente em inglês. Para a minha descrição do monoteísmo bíblico neste parágrafo, sou muito grato a Patrick D. Miller, *The Religion of Ancient Israel*, Library of Ancient Israel, ed. Douglas A. Knight (London: SPCK; Lousville, Ky.: John Knox, 2000), esp. 7-14; e Walter Brueggemann, *Old Testament Theology: Essays on Structures, Theme, and Text,* ed. Patrick D. Miller (Minneapolis: Fortress, 1992), 118-49.

e cantam "de alegria".²³ Eles o louvam com "um novo cântico" e contam a todos "as novas de justiça" por seu livramento.²⁴

E quando não há livramento, como fica? Cedo ou tarde, alguém sai por aí perguntando onde Deus está quando há doença sem cura, ferimento sem alívio, problema sem saída. É um desafio à compreensão e à fé de alguém quando o Redentor não redime. Todavia, os salmistas oram, incluindo em suas petições o clamor: "Até quando?"²⁵ "Direi a Deus, minha Rocha", diz alguém para quem Deus ainda é sua força, "Por que te esqueceste de mim?"²⁶ "Pois tu, ó Deus, és a minha fortaleza", diz outro para quem Deus ainda é o seu refúgio, "Por que me rejeitaste?"²⁷ Outro, porém, quer saber se Deus agirá ou mostrará sua presença novamente:

> Irá o Senhor rejeitar-nos para sempre?
> Jamais tornará a mostrar-nos o seu favor?
> Desapareceu para sempre o seu amor?
> Acabou-se a sua promessa?
> Esqueceu-se Deus de ser misericordioso?
> Em sua ira refreou sua compaixão?²⁸

O mistério do monoteísmo

As demoras de Deus são muito ruins, mas o pior está por vir. Em um mundo criado pelo Deus justo e imparcial, o Deus em quem há pura bondade e retidão, onde está e qual é a causa do nosso sofrimento? Partindo-se do princípio que as coisas ruins devem ter uma causa, essa causa deve estar na criatura ou no Criador. Muito bem. Então, atribuamos o mal à criatura. Afinal, muito do sofrimento do mundo é o próprio ser humano que provoca a si mesmo ou aos outros. Os salmistas reconhecem isso prontamente. Muitos dos lamentos mencionam seus inimigos, que ficam felizes com sua desgraça e fazem o que podem para aumentá-la,²⁹ e o salmista casualmente confessa seu próprio pecado como fonte de suas aflições.[30] O sofrimento nos Salmos tem, portanto, duas causas. Os ímpios escolhem o erro e causam dor e sofrimento aos outros, e Deus lhes concede essa liberdade e permite o sofrimento resultante. Ou, então, as pessoas escolhem o erro e trazem sobre si a dor e o sofrimento, e Deus também concede e permite isso — ou até faz com que aconteça para que a pessoa sofra as conseqüências de suas más decisões.[c]

É assim que o mundo funciona, dizemos; é assim que o mundo é feito. Mas agora, veja, não estamos longe de uma questão perturbadora. Quem fez o mundo funcionar desse jeito? O monoteísmo só pode dar uma resposta. Se existe um só Criador e tudo mais é criatura, então o poder de escolher o mal e produzir o sofrimento foi obra de Deus. É preciso seguir isso do começo ao fim. Acrescente no caminho tantas causas intermediárias quanto quiser. No final chega-se a isso: Deus é o Criador das causas do nosso sofrimento e da nossa angústia.

Somos, assim, rapidamente lançados nos mistérios do monoteísmo. De fato, quanto mais estritamente o apoiarmos, mais sério se torna o nosso dilema. A parte da Bíblia hebraica mais apaixonadamente monoteísta, o livro de Isaías, apresenta-nos o mistério em seus termos mais completos. Pois ali Deus declara: "Eu

---

[c]Os salmistas sentem o sofrimento disso, claro, mas o aceitam. O que os preocupa, entretanto, é que a escolha pela maldade parece sempre conduzir à prosperidade e ao conforto. Veja Salmos 37.7; 73.3,12-14; 82.2.

[d]Isaías 45.7. Citei esse versículo nas palavras diretas da versão King James. A declaração de que Deus cria o "mal" não significa que ele é culpado pela maldade moral. Isso vai totalmente contra o que Isaías está dizendo. Mas significa, de fato, que o poder e a vontade de Deus são absolutos, que nada está fora do seu controle e, portanto, no final das contas, ele é responsável por tudo o que acontece, seja prosperidade ou "desgraça" (NVI), prosperidade ou "aflição" (NRSV-New Revised Standard Version). Isso é o que não pode ser abrandado.

formo a luz, e crio as trevas; faço a paz e crio o mal; eu, o Senhor, faço todas estas coisas".[d]

Eu não gosto disso de jeito nenhum. É difícil. Todavia, não posso inventar meios de abrandá-lo. Podemos buscar uma forma intelectual e dizer que o mal somente acontece pela vontade permissiva de Deus, mas ainda não temos resposta quanto ao porquê da sua permissão. Podemos dizer que o mal não é uma criação de Deus, mas que Deus, por sua criação, o proíbe. Quero muito concordar. Penso que *de fato* concordo. Mas se for assim, ainda é óbvio que aquilo que Deus proibiu, não obstante, permitiu. Devemos dizer que existe algum outro poder para culpar pelo mal, pela tristeza e pelo sofrimento no mundo, algum poder além do controle de Deus e pelo qual não podemos ser responsáveis. Mas você já viu que esse é exatamente o caminho que não podemos tomar. Nada pode estar além do controle de um Deus onipotente. Para ser Deus, afinal, ele precisa ter a responsabilidade por tudo o que acontece no universo. Tudo o que acontece, seja bom ou ruim, no final das contas atribui-se a ele, porque não existe providência que ele não tome, nenhuma calamidade que não possa prevenir.

Sob uma chuva de flechas

Então, somos deixados no mistério do monoteísmo e, dentro desse mistério, os salmistas fazem suas orações. Em sua tristeza, apelam ao único Deus a quem *podem* apelar, e ele é o único Deus que traz a tristeza sobre eles ou retarda seu livramento quando vem a desgraça.

"Tua ira pesa sobre mim", ora uma voz das profundezas do sofrimento, "com todas as tuas ondas me afligiste".[31] E, novamente, a mesma voz ora: "Sobre mim se abateu a tua ira; os pavores que me causas me destruíram".[32] O autor de um salmo suplica:

"Afasta de mim o teu açoite; fui vencido pelo golpe da tua mão". Todavia, no mesmo salmo ele diz a Deus: "Minha esperança está em ti"[33] O autor de outro salmo clama: "Senhor, [...] tuas flechas me atravessaram". Contudo, no mesmo salmo suplica: "Apressa-te a ajudar-me, Senhor, meu salvador!"[34] O estudioso do Antigo Testamento, Arthur Weiser, comenta que o salmista "volta-se para Deus na única esperança que lhe restou de que só a mão que lhe infligiu o ferimento é capaz de restaurá-lo".[35]

Os salmistas gemem sob a mão do Senhor e, mesmo assim, fazem-no ansiando por *ele*. Em todo o universo, recorrem somente a Deus. Em meio ao sofrimento, clamam que Yahweh é tudo o que querem ou precisam. Eles carecem apenas de conhecê-lo. "Tu és o meu Senhor", clamam. "Não tenho bem nenhum além de ti".[36]

Essa é a solução dos salmistas, e ela abala o centro do meu ser. Eles vêem à curto prazo cada momento presente de sua vida, mesmo os momentos de intenso sofrimento, como sua única oportunidade de conhecer a Deus, e o Deus a quem desejam conhecer é exatamente o responsável final pelo sofrimento deles. Eles não enfocam o que *pode* de alguma forma vir a acontecer, mas se concentram na presença de Deus aqui e agora. "A quem tenho nos céus senão a ti?" — diz o salmista — "E na terra, nada mais desejo além de estar junto a ti [...] mas para mim, bom é estar perto de Deus".[37] "Permite-me viver", clama o salmista a Deus, não somente para ter simples prazeres corriqueiros, mas "para que eu te louve".[38] Para ele, o presente é este momento, não apenas para vestir-se de linho fino e ungir os cabelos com óleo, mas amar e louvar a Deus. Ele aproveitará cada momento para Deus até que não haja mais nada. "Enquanto eu viver", diz, "te bendirei".[39] E tudo isso é dito com pouca ou nenhuma informação precisa a respeito da vida após a morte. O momento presente, com suas tristezas, não é tomado como uma *preparação* para o conhecimento de Deus, mas como uma *oportunidade* para o seu conhecimento.

Mal posso transmitir o que senti quando compreendi isso pela primeira vez. Eu estava lavando a louça do café da manhã. Leonard Bernstein havia acabado de morrer e o rádio tocava uma de suas músicas. As palavras eram como um salmo e, pela primeira vez, eu ouvi o que as palavras estavam dizendo:

> Cantarei Seus louvores enquanto eu viver
> Todos os meus dias.[e]

Sentei-me em uma cadeira na cozinha e fiquei ali em aturdido silêncio, apertando minhas mãos molhadas entre os joelhos.

Procurar no sofrimento ao Deus que é a fonte de todas as coisas, em última análise até do seu próprio sofrimento, e não apenas procurá-lo, mas também louvá-lo com todas as suas forças até que tenham se esvaído. É isso que os Salmos nos chamam a fazer. Essa não é a solução bíblica completa, mas é o ponto inicial de qualquer solução. Os Salmos sozinhos não suprem tudo que precisamos para enfrentar o vento gelado. Mas nos enchem de força e poder para os momentos decisivos.

---

[e] "A Simple Song", de *Mass: A Theatre Piece for Singers, Players and Dancers*, música de Leonard Bernstein; texto da liturgia da Missa Romana; textos adicionais de Stephen Schwartz e Leonard Bernstein (New York: Jalni Publications/ Boosey & Hawkes, 1971).

5
Contra o vento

A convicção de Jó

Aceita, aceita que eu venci, cochicha o Diabo. Você pode ver por si mesmo que a vida é injusta, que o sofrimento é comum. Quem é mais forte? Eu, é claro. Só desespero, meu caro, desespero. Diga-me apenas que eu sou forte, que o Diabo governa.

SUZANNE MASSIE, *Journey* [Jornada]

Em geral, a vida não é nem uma tragédia sem solução, nem uma felicidade desconexa. É uma mistura. Mesmo no cair da noite mais escura da nossa família, as trevas não foram completas.

John perguntou-me:

— Que número o senhor quer?

— O que você quer dizer?

— Vamos jogar damas.

— Então me dê o número treze.

Ele escreveu o número treze em um pedaço de papel e o grudou em minha camisa. Ele puxou uma camiseta com o número vinte e quatro escrito em preto nas costas e colocou um capacete branco de futebol, já desgastado. Não tinha um capacete para mim, mas insistiu para que eu usasse um chapéu de palha que eu comprara de um fazendeiro amish.[a] O jogo de damas não pode ser praticado sem alguma coisa na cabeça, e eu acho que os *amish* concordarão.

John começou o jogo. Quero dizer, começou o movimento de suas peças vermelhas pelo tabuleiro ao acaso, enquanto eu me sentava e presenciava a remoção sistemática de minhas pedras pretas. Se Adão, criado em pleno vigor de seu entendimento, tivesse observado John jogar damas pela primeira vez, teria pensado o seguinte do jogo de damas: um jogo no qual não há defesa. A felicidade de John ao ganhar me fez rir.

Depois dirigi até o hospital na chuva silenciosa e encontrei Elizabeth chorando porque não conseguia lembrar-se onde eu estava.

Mas nem mesmo para ela aquele foi um dia de todo sombrio. Mesmo na bruma da morfina, da enfermidade e do medo da morte, Elizabeth sorria. Uma enfermeira falou com ela, que tentou sentar-se. Falando a alguém que não estava lá, a não ser em sua própria mente, ela perguntou:

— Quem virá para o almoço hoje? Ah, eu sei. É um candidato.

Satisfeita por ter-se lembrado, ela sorriu e deitou-se novamente. A enfermeira dirigiu-me um olhar de compreensão ao sair do quarto. Eu sabia exatamente do que Elizabeth estava falando. Ela voltara a seus dias de trabalho como assistente social, quando almoços, candidatos políticos e discursos aliviavam o fluxo diário de clientes e crises. Eu estava contente. Se ela pudesse ser uma

---

[a] Os *amishs* são um grupo protestante norte-americano de origem menonita (movimento religioso surgido na Europa após a Reforma). Mantiveram um estilo de vida baseado na agricultura, apesar das influências da sociedade industrial moderna [N. do E.].

assistente social novamente, poderia ser em um dia quando um político estivesse fazendo um discurso.

Sentei-me ao lado dela em meu lugar costumeiro, uma cadeira colocada à esquerda de sua cama, de frente para ela. Seus olhos estavam fechados. De repente ela sorriu e falou novamente:

— Eu também te amo, Stephanie.

O arquétipo do sofrimento e da fé

Em um dia qualquer estamos aptos a experimentar tanto a dor quanto o prazer. Um certamente acompanha o outro, observou Sócrates, como se a dor e o prazer fossem crianças briguentas cujas cabeças estivessem amarradas uma à outra. Pelo fato de a vida ser uma mistura, podemos procurar pelo bem e eventualmente encontrá-lo, mesmo em meio aos sinais de nossa mortalidade e fraqueza. Nossa decisão de aceitar os prazeres da vida diária a despeito de suas tristezas é prova suficiente de que podemos e devemos aceitá-los a maior parte dos nossos dias. E, pelo fato de a vida ser um misto dessas emoções, a fé deve encontrar um meio de ser fiel, não importa o que os dias tragam.

Os dois primeiros capítulos do livro de Jó apresentam um homem que permanece fiel, mesmo quando sua vida é levada das alturas do bem-estar às profundezas da ruína. O livro conta como o grande homem da terra de Uz, o mais rico e mais poderoso do Oriente, perde sua fortuna, é roubado de seus sete filhos e três filhas, e ele próprio é atingido com uma terrível doença. Junto com os salmistas, Jó é o arquétipo do homem justo, cuja fé em Deus é testada pelo poder do mal.

A questão colocada no livro de Jó gira em torno do fato de ele ser "íntegro e justo; temia a Deus e evitava fazer o mal".[1] Todavia, esse homem bom se depara com um sofrimento sem precedentes. Acontece assim:

Certo dia, a corte celestial se reúne e os "filhos de Deus" apresentam-se perante o Senhor.[b] Esses seres celestiais correspondem aos cortesãos que se alinham em qualquer corte real para oferecer seu respeito e prestar contas de sua área de responsabilidade. Entre os cortesãos está a repugnante personagem conhecida como *Ha-satan*. Esta é a expressão hebraica que significa "o Acusador". Hoje, depois de quase três mil anos de pensamento judeu e cristão, é provável que o leitor de Jó veja muito nessa figura. Claro, a palavra *Satanás* é a designação usada para esse cortesão, mas trata-se de um título, não de um nome. Ele ainda não é o Diabo, ainda não está personificado como um ser espiritual poderoso que se opõe a Deus e consumido pelo desejo de causar dor às pessoas e fazê-las pecar. Na história de Jó, a figura chamada de *Ha-satan* desempenha o papel de um insignificante burocrata do Oriente Médio com a dúbia função de espionar as pessoas e relatar suas fraquezas.

O Acusador acaba de voltar de vaguear pela Terra e tem algo a dizer a respeito de um certo Jó, a quem o Senhor tem como servo exemplar. O Acusador sugere que a integridade de Jó pode muito bem ser fingida.

"Será que Jó não tem razão para temer a Deus?" — diz o acusador. "Acaso não puseste uma cerca em volta dele"? Ou seja, para protegê-lo do mal. "Tu mesmo tens abençoado tudo o que ele faz, de modo que os seus rebanhos estão espalhados por toda a terra". Isto é, Deus fez de Jó um homem muito rico. "Mas estende a tua mão e fere tudo o que ele tem, e com certeza ele te amaldiçoará na tua face".[c]

---

[b] Jó 1.6. A NVI traduz isso como "anjos", mas eu prefiro a expressão mais literal "filhos de Deus", como a NRSV e outras.

[c] Jó 1.9-11. As palavras que o Acusador acaba de proferir formam um jogo de palavras no texto hebraico. A palavra traduzida por *maldição* normalmente significa "bênção". Se fôssemos traduzir as palavras do Acusador literalmente, faríamos

Para a infelicidade de Jó, é bastante simples imaginar meios de testar a afirmação do Acusador. O Senhor lhe concede autoridade para fazer o que quiser aos bens de Jó e a seus filhos e filhas, mas não para tocar em sua pessoa. Pelo menos no plano da narrativa, o sofrimento de Jó é apresentado para acertar uma disputa entre o Senhor e um de seus cortesãos. Deus a toma quase como uma aposta. A reação de Jó confirmará ou não as insinuações do Acusador.

Ocorre que a reação de Jó parece tê-las desmentido. Do alto da boa sorte, Jó é lançado no mais profundo sofrimento. Sua riqueza é abruptamente destruída ou roubada e seus sete filhos e três filhas morrem em um vendaval. Todavia, Jó permanece leal a Deus. Ele "não pecou e não culpou a Deus de coisa alguma".[2] Não o amaldiçoou. Ao contrário, ele declara: "O SENHOR o deu, e o SENHOR o tomou; bendito seja o nome do SENHOR".[3]

Novamente a corte celestial se reúne e o Senhor ressalta ao Acusador que Jó perseverou em sua fidelidade. Ainda assim, o Acusador não está satisfeito. "Pele por pele!", ele responde. "Um homem dará tudo o que tem por sua vida".[4] Um ponto de vista extremamente cínico! Jó ainda *vive*, e uma pessoa entregará tudo, seu rebanho e a vida dos filhos, para salvar a própria pele. Portanto, de acordo com o Acusador, Jó ainda não passou pela prova

---

o seguinte: "Jó com certeza te 'abençoará' na tua face". Nessa frase, *bênção* é um eufemismo. O narrador da história quer evitar dizer que Jó amaldiçoaria Deus, porque o céu proíbe que alguém amaldiçoe Deus! (E vê-se que agora ao dizermos "o céu proíbe", usamos, contudo, outro eufemismo). Por isso, o autor escreve *abençoa*, apesar de dizer *amaldiçoa*. Acontece várias vezes durante essa história que a palavra *bênção* às vezes significa "bênção" e às vezes, "maldição". Quando Jó diz: "Bendito seja o nome do SENHOR" (1.21, NRSV), é irônico que ele esteja dizendo exatamente o que o Acusador disse que ele faria, só que ele realmente quer dizer "bendito". Quando a mulher de Jó lhe diz para "amaldiçoar" Deus e morrer, ela está usando também a mesma palavra. O sarcasmo segue o sarcasmo. Não somente podem as bênçãos e as maldições vir da mesma boca, elas podem vir também da mesma *palavra*.

definitiva. "Estende a tua mão" diz ele ao Senhor "e fere a sua carne e os seus ossos, e com certeza ele te amaldiçoará na tua face".[5]

"Pois bem", responde o Senhor. "Apenas poupe a vida dele".[6] E assim o Acusador recebe poder para aplicar a Jó qualquer tortura que puder inventar, menos a morte.

É útil neste ponto compreender um dos rudimentos da teoria médica hebraica. A sabedoria convencional entendia que se a vida de uma pessoa ou sua vitalidade, a *nephesh*, pela qual o Acusador diz que a pessoa trocará tudo, poderia ser gradualmente enfraquecida a ponto de ser reduzida a nada. Quando isso acontecesse por completo, a pessoa estaria morta. Enquanto estivesse quase totalmente enfraquecida, mas não completamente, a pessoa estaria desesperadamente doente. É isso que Jó quer dizer depois em seu livro quando declara: "E agora esvai-se a minha vida"[7], ou seja, minha *nephesh*.

Obviamente, o Acusador não pode dizer: "Matemos completamente Jó e depois vamos ver o que ele diz!" Mas pode propor levar sua *nephesh*, sua vitalidade, a ponto da extinção, o que significará chegar suficientemente perto da morte para medir os resultados do teste. Um caso de "feridas terríveis" cobrindo o corpo de Jó "da sola dos pés ao alto da cabeça" é muito conveniente.[8] As feridas causam o máximo de sofrimento, enquanto a vida de Jó é poupada.

O bom homem é devidamente atingido com essa doença, senta-se em um monte de cinzas e raspa-se com um caco de cerâmica. Sua esposa torna-se, inconscientemente, uma advogada do Acusador quando aconselha Jó: "Amaldiçoe a Deus, e morra!"[9] A solução dela é exatamente o oposto do que vimos no livro de Salmos. Os salmistas vêem a profundidade do sofrimento como uma oportunidade para louvar a Deus. A esposa de Jó, em absoluto contraste, o aconselha a usar sua última partícula de vitalidade para insultar Deus, a quem ela atribui a responsabilidade. Todavia, Jó persiste em sua integridade. Ele responde: "Aceitaremos o bem dado por Deus, e não o mal?" Mesmo agora, em meio a seu sofrimento, Jó confia em Deus, e "Em tudo isso Jó não pecou com os seus lábios".[10]

A origem do sofrimento

Claro que alguém pode argumentar: "*Jó* sofreu? Está claro que seus filhos e filhas sofreram ainda mais!"

Não posso deixar de perceber a força desse argumento. Admitamos, os filhos de Jó morreram, enquanto Jó ficou apenas com feridas. No final, sua vida continuou em felicidade e prosperidade, enquanto a dos outros não. Pode-se contra-argumentar sugerindo que os mortos, tal como Jó, eram inocentes, e a morte deles, imerecida, pertence também à questão geral do sofrimento não merecido. Mas é importante também perceber que Jó sofre tanto por ser duramente atingido quanto por ter sobrevivido. Sua história serve, portanto, para estabelecer que as pessoas sofrem todo tipo de desgraça. Isso aplica-se a todo tipo de sofrimento, incluindo o sofrimento diante do sofrimento dos outros.

Afinal, muito do sofrimento no mundo é por empatia. Sentimos as feridas experimentadas por outros quando, em nossa imaginação, colocamo-nos no lugar deles. No meu caso, imaginei-me ser Elizabeth, observando meus filhos crescendo enquanto eu ficava silenciosamente à parte. Imaginei-me dentro de um corpo destruído tanto pela doença quanto pela cura. Um corpo do qual se depende para viver, mas que está se tornando um vaso de morte e não podemos decidir se ele está nos traindo ou nós a ele. Imaginei-me olhando para os ambientes familiares que não mais importavam. O papel de parede favorito, a cadeira na qual eu balançava meus filhos, a boneca da infância — coisas que agora se tornaram nada mais do que um quarto no qual estou morrendo. Na imaginação, tomei aquelas realidades emprestadas de Elizabeth e as fiz minhas, até certo ponto. Muito do nosso sofrimento é assim: o sofrimento da imaginação, o sofrimento do sobrevivente.

Pelo fato de Jó ser o sobrevivente e o ferido, torna-se o símbolo de todos nós. Ele se torna o nosso Todos. Depois, nas palavras de Jó em seu livro, encontramos um constante ir e vir do caso particular de Jó à condição geral da humanidade. Ele pode começar consigo mesmo, mas, cedo ou tarde, seu tema torna-se universal e inclui reis, sacerdotes, príncipes e nações.[11] O caminho está aberto para que cada leitor se torne seu próprio Jó.

A questão da fé pode, portanto, ser estendida de: "Terei fé apesar da minha experiência do sofrimento?" para "Terei fé apesar do que sei a respeito do sofrimento do mundo?" A segunda pergunta é a mais forte. Muitas pessoas do alto de sua capacidade decidiram-se contra a fé e apresentaram como razão a magnitude do sofrimento do mundo todo.

A fé do Senhor e a de Jó

Quando ouvimos atentamente a história de Jó, descobrimos que, no fundo, é uma história sobre a fé testada pelo poder do vazio. Isso em si não é surpreendente. O que surpreende é que Jó e Deus confiavam um no outro, mesmo quando suas razões para confiar foram severamente reduzidas, e em cada caso a confiança de um no outro é reivindicada.

Do ponto de vista do Acusador, a lealdade de Jó é subornada. Qual é o mérito de uma pessoa que adora o Deus que sustenta seu bem-estar? Talvez nenhum, especialmente se no confuso curso da vida surgem os problemas obstinados e a fé é abandonada. O que se descobre a respeito de Jó é que os problemas de fato vêm, e não são problemas comuns, mas os piores que o Acusador pode inventar e, apesar deles, Jó persiste em sua fé.

Não sei quantos são capazes de seguir Jó. Conheço bem o sentimento de náusea e incongruência quando se ora no mais profundo sofrimento e suspeita-se, a ponto da certeza moral, que Deus não existe. Nesses momentos, a aparente ausência de Deus pode tornar-se uma evidência constrangedora em favor do ateísmo. Essa é, contudo, a tentação moderna. Talvez não tenha ocorrido a Jó duvidar da existência de Deus. Porém, mesmo no mundo moderno, poucos dos que são tentados abraçam o ateísmo. É suficiente adotar o ateísmo prático, viver como se Deus não existisse. Isso é o mais próximo da resposta que o Acusador predisse para Jó.

A abdicação da fé pode tomar muitas formas. Uma mulher perde o marido, e o atordoante golpe de perda a imobiliza tão completamente que muito de sua vida simplesmente se fecha, inclusive sua fé. Uma criança perde o pai e sente quase que instantaneamente a dissolução da convicção religiosa. Um jovem apaixonado pela vida e pela humanidade encontra o pecado e a tristeza do mundo — o que Deus parece não aliviar — e decide que se nada deve receber ajuda, ficamos por conta própria para fazer o que é preciso sem a assistência de Deus. Achamos difícil atribuir culpa a quaisquer dessas respostas. Nós as compreendemos muito bem, porque também somos tentados a acreditar que praticamente tudo em nossa vida depende de nada mais do que condições e circunstâncias.

Entretanto, alguns, de fato, fazem a escolha de Jó. Os pais de uma criança com síndrome de Down a vêem como uma bênção de Deus para eles. Uma jovem que nada mais viu além da pobreza e da doença diz a todos como Deus tem sido bom para ela. Os capelães hospitalares vêem a escolha de Jó com mais freqüência do que ninguém. As pessoas que suportam mais do que o espírito humano é chamado a suportar falam, no entanto, das misericórdias e da bondade de Deus. Dadas as circunstâncias do mundo, é notável que alguém siga o exemplo de Jó. Mais surpreendente ainda é que muitos o façam.

Também é surpreendente que Deus continue confiando em *nós*. Ele corre esse risco. É presumível que ele pudesse intervir nos momentos em que a fé pode ser testada. Ele poderia impedir esta ou aquela enfermidade, deter um país de declarar guerra a outro, cuidar para que nenhuma criança fosse para a cama com fome. Certamente, tal intervenção aumentaria a fé na Terra.

Mas basta falar para ver que isso não seria bom. Vemos que a constante interferência no curso da natureza com o exercício da liberdade humana poderia eliminar a provas de fé — ou a maioria delas. Mas poderia também fazer um mundo no qual nada importante dependeria do livre-arbítrio e da escolha de Deus ou do homem. Seria realmente o mundo descrito pelo Acusador, no qual ninguém serviria a Deus "sem razão".

Em um mundo tal como esse — e este é o ponto que o sofrimento de Jó deixa claro — a fé em Deus e sua fidelidade não é uma questão de estímulo e resposta. A fé e a fidelidade são ilimitadas e incondicionais. A presença ou ausência de fé não está ligada a nenhum mecanismo eficiente que a razão possa ver. Nem Jó ou Deus consideraram um ao outro, confiando somente quando certas condições foram cumpridas. A convicção de Jó, e de inúmeras pessoas como ele, desafia a noção de que tudo depende de condições e circunstâncias. E essa noção precisa ser desafiada. Porque a nossa fé nunca será livre enquanto depender das condições variáveis do mundo. Nossa integridade nunca será segura até que se possa confiar nela mesmo quando as escoras forem retiradas.

Além da história do sofrimento de Jó, o livro continua por muitos capítulos enquanto ele e seus amigos discutem os caminhos de Deus e o mistério do mal. Devemos agora considerar esses capítulos. Mas quando a poeira do debate se assentar e as vozes de Jó e seus amigos forem reduzidas ao silêncio, teremos avançado nada mais que isto: o servo piedoso confia até mesmo no Deus aparentemente indigno de confiança, e Deus confia que o servo permaneça leal a ele mesmo quando não há mais razão para isso.

6
O desvendar da razão

Jó e Deus no redemoinho

Gostaria de pedir-lhe, prezado senhor, se me permite, que tenha paciência com tudo que não está resolvido em seu coração e que tente amar *as questões em si* como se elas fossem salas fechadas ou livros escritos em uma língua estrangeira. Não procure pelas respostas, que poderiam não ser dadas ao senhor agora, porque poderia não ser capaz de vivê-las.

RAINER MARIA RILKE,
Cartas a um jovem poeta

Fazia alguns meses que Elizabeth havia morrido. Vesti minha jaqueta e caminhei com nosso cão Dale pela curta distância do bosque. Saímos das árvores e atravessamos uma área aberta. Diminuímos o passo ao nos aproximarmos da lápide. Nos raios inclinados do sol de outubro, tomei meu lugar ao lado do retângulo irregular de grama. Um vento gelado chicoteava minha roupa. Porções de erva daninha de um campo próximo, sem roçar, tomavam as flores artificiais vermelhas e brancas. Senti a umidade da terra através dos joelhos da calça.

O local mais natural para mim era à esquerda do pequeno retângulo, onde minha cadeira estaria se aquilo fosse uma cama de hospital. Eu queria estar ao lado dela novamente, vendo se estava com tudo que precisava, se estava confortável, se carecia da atenção que eu poderia dar. Gostaria que ela estivesse em casa para responder ao meu chamado quando eu chegasse à porta. Queria falar-lhe a respeito de tudo o que acontecera.

Eu falava brandamente ao pedaço de grama rala enquanto Dale olhava alerta ao redor e farejava meu ouvido.

Diálogo no monte de cinzas

Havíamos conversado muito a respeito disso durante os anos da enfermidade de Elizabeth. Às vezes, conseguíamos enfrentar a dura e triste realidade. Mas nunca conseguíamos responder a uma pergunta: por quê?

— Por que está acontecendo isso comigo? — ela perguntava.
— Você deveria saber.

Sem dúvida, era uma pergunta importante. Por quê, de fato. E, como professor de religião, era de se esperar que eu tivesse algum tipo de resposta.

— É por causa de algo que eu fiz? — ela perguntava.

Às vezes, essa era a tendência dela quando algo ia mal, assim como às vezes é a minha: escorregar para a auto-acusação. Na verdade, às vezes contribuímos para que as coisas dêem errado: quando esquecemos de fechar a torneira da banheira, ou quando nosso pé demora para alcançar o pedal do freio, ou quando colocamos a vírgula no lugar errado. Talvez contribuamos com relativa freqüência nesses poucos casos, quando são colocados em uma perspectiva cósmica. Naturalmente assumimos ser responsáveis por coisas sobre as quais, de fato, não temos controle.

Li a respeito de uma mulher, passageira do transatlântico *Andrea Doria*. Ela entrou na cabine e acionou o interruptor da lâmpada no exato momento em que o *Doria* se chocava com o navio sueco *Stockholm*. O grande navio balançou em meio ao ruído de metal prensado e aos gritos de passageiros e da tripulação. A mulher arremessou-se para abrir a porta e gritou para a primeira pessoa que viu, dizendo que ela havia tocado acidentalmente no freio de emergência![1]

Compreendi muito bem a mulher. Aquela também teria sido a minha reação imediata. Falha minha!

E, assim, Elizabeth fazia perguntas:

— Está acontecendo por que eu tomei a pílula? Foi provocado pelo estresse? O que devo fazer para me livrar do estresse? Será que fiz alguma coisa para merecer isso? Estou sendo castigada? O que eu deveria ter feito diferente para isso não acontecer? O que se espera que eu aprenda? Está acontecendo para eu aprender algo mais profundo? Espera-se que eu adquira sabedoria? Paciência? Fé? Eu deveria ter sido uma pessoa melhor. Deveria ter sido mais forte. Se apenas pudesse pensar, eu encontraria uma saída. Isso está me acontecendo devido a uma imperfeição minha, dentro do meu próprio corpo. É minha própria falha.

Discutíamos essas e outras questões, tal como Jó e seus amigos, no monte de cinzas de nossa confusão e angústia.

Nossas conversas não eram diferentes das que se encontram no livro de Jó. A narrativa que examinamos no capítulo anterior leva o sofredor à beira da morte e, ainda assim, mostra que ele mantém uma atitude de fé. Nesta altura, podemos esperar outra cena da corte celestial na qual o Senhor tem poucas palavras a dizer ao Acusador de Jó a respeito do seu cinismo. Jó foi aprovado em todos os testes, e o Senhor demonstrou a fé incondicional do seu servo. O Acusador perdeu a aposta.

Mas o autor tem outros planos. Depois que Jó aceita sua posição no monte de cinzas, não se faz mais menção do Acusador ou de sua aposta com o Senhor. Em vez disso, a história continua com o aparecimento dos amigos de Jó. Essas pessoas e Jó dão seqüência a um diálogo no qual os amigos afirmam que Jó, de alguma forma, *merece* o que lhe aconteceu, e Jó afirma não merecer.

O mundo racional dos amigos

Os discursos dos amigos de Jó fundamentam-se na crença de que Deus é justo e que as pessoas têm o que merecem. O primeiro discurso do amigo Elifaz é característico do destino. Propõe que Jó deve estar experimentando os resultados de suas próprias más ações, pois a experiência ensina que "Quem cultiva o mal e semeia maldade, isso também colherá".[2] Desde que Jó claramente colhia aflição, certamente ele mesmo a deveria ter cultivado e semeado. Seria melhor, portanto, que Jó se colocasse nas mãos de Deus, porque "ele frustra os planos dos astutos", mas "traz os que pranteiam a um lugar de segurança"; seria melhor que Jó não desprezasse "a disciplina do Todo-poderoso", porque Deus "fere, mas trata do ferido, [...] suas mãos também curam".[3]

Eu nunca me arriscaria a dar uma explicação como essa a outra pessoa para o seu sofrimento. Mas aproveito a oportunidade para acreditar no que se refere aos meus. Para quem está inclinado a aceitar a culpa, a resposta apresentada pelos amigos de Jó parece profundamente persuasiva. Quando a vida é desconcertante e eu quero uma resposta, quando tenho que ter uma resposta, quando não posso suportar nem mais um minuto sem uma resposta, então estou disposto a dar ouvidos a qualquer resposta que pareça razoável, e os amigos de Jó estão à disposição.

Mas há duas coisas erradas com a explicação deles a respeito do sofrimento de Jó.

Primeira, eles não estão realmente falando sobre o assunto em questão. Superficialmente, Jó e seus amigos estão preocupados com os mesmos acontecimentos, mas acabam falando de duas coisas diferentes. Os amigos estão falando do sofrimento merecido ou, pelo menos, do sofrimento disciplinar, enquanto Jó está falando do sofrimento puro e simples. Os amigos estão falando a respeito do mal que pode ser racionalmente considerado, enquanto Jó está falando a respeito do mal cujo propósito ou significado está profundamente além da compreensão humana.

Segunda, os amigos presumem que Jó (e, portanto, o restante de nós) tem mais influência sobre os acontecimentos do que de fato tem. Mas, na verdade, de que adianta chamar a atenção de Jó quando suas perdas foram provocadas por saqueadores, ventos e relâmpagos! É claro que os amigos de Jó tinham consciência disso e não acusavam Jó diretamente de matar seus filhos e de cobrir o próprio corpo com feridas. Em vez disso, acrescentam outro elo na corrente de causalidade: o comportamento de Jó fez com que *Deus* provocasse as catástrofes.

Não somos deixados aos nossos próprios recursos para decidir se os amigos de Jó estão certos ou errados. Se lermos esse livro extenso até o fim, ouviremos o claro julgamento de Deus. Quando terminam todos os discursos, o Senhor diz a Elifaz:

— "Estou indignado com você e com os seus dois amigos, pois vocês não falaram o que é certo a meu respeito, como fez o meu servo Jó".[4]

Apesar dessa clara e inequívoca palavra, muitos de nós somos iludidos pela resposta dos amigos, porque, no mundo racional deles, os sofrimentos inexplicáveis fazem sentido de forma diferente. Sofremos a ação de coisas que não podemos controlar. Deus pode controlá-las e, de fato, *está* controlando. Deus nos envia coisas ruins por causa da nossa própria maldade, seja para nos punir ou aperfeiçoar. Desse modo, o mundo faz sentido.

O protesto de Jó

Mas Jó clama a Deus para que seja ouvido e, com obstinada veemência, rejeita a explicação razoável de seus amigos. Ele diz a respeito do discurso deles: "Esses discursos inúteis nunca terminarão?" e os chama de "médicos que de nada valem" e "Pobres consoladores".[5]

Entretanto, Jó está de acordo com eles em um ponto. Ele também atribui suas calamidades a Deus. Todas as personagens da história, sem exceção, como os salmistas antes deles, admitem que Deus é a origem definitiva das tribulações de Jó e ninguém, por um momento sequer, atribui a condição de Jó ao Acusador. Novamente enfrentamos a questão nos termos mais completos. Enfrentamos o mal na experiência humana global. Deus poderia evitá-lo. Contudo, não evita.

Mas por que não? Elizabeth e eu tentamos compreender isso. Essa questão passava diariamente por nossa mente e quase todos os dias conversávamos a respeito.

Ah! Talvez, apesar de tudo, a intenção era nos tornar mais sábios! Mas não. Embora algumas pessoas tenham vivido com o sofrimento e se tornado sábias, ou pacientes, ou fiéis, ou sensíveis, podíamos imaginar outros, e mais facilmente a nós mesmos, tornando-se amargos, frios e sem fé. Lutamos contra a tentação de nos tornarmos assim, e nem sempre tivemos sucesso. Tivemos de concluir, portanto, que quando a sabedoria, a fé e o descanso surgem, devem ser uma reação ao sofrimento em vez de ser a razão para ele.

Outras vezes pensávamos que talvez nós, de fato, o trouxéssemos sobre nós mesmos ou sobre outras pessoas. Aqui é melhor detalharmos. Sem dúvida, há muitas deficiências em nós que exercem grande influência no nosso sofrimento e no sofrimento dos outros. Ganância, injustiça, crueldade, assassinato, guerra — toda a lista do que chamamos "a humanidade do homem para o homem" — essas coisas, de fato, explicam muito da miséria e do sofrimento. Compreendemos que um mundo no qual as pessoas são livres é, também, um lugar no qual elas são livres para ferir uns aos outros. Porque mesmo um Deus bom e todo-poderoso não pode criar um mundo no qual os humanos recebam o livre-arbítrio e a escolha para o mal também não seja uma possibilidade muito real, até mesmo esperada.

Mas descobrimos que nem todo mal pode ser considerado resultado da loucura do ser humano. Porque mesmo depois de feitas as devidas concessões à competência de Deus e à imprudência da humanidade, resta um resíduo irracional do mal que desafia a explicação, mesmo quando submetido ao considerável poder da razão humana. Isso, parece-me, é o assunto que o livro de Jó inexoravelmente força sobre nós. Esse é o assunto que os amigos de Jó pensam — erradamente — terem resolvido. E esse é o assunto cuja resolução Jó pede a Deus.

Os discursos de Jó nos conduzem a um insuportável estado de tensão. Jó afirma sua própria integridade e, ao mesmo tempo, afirma a bondade, a justiça e o poder de Deus. Mesmo assim, coisas terríveis estão acontecendo e quanto mais tentamos compreendê-las, mais confusos ficamos. Uma a uma, todas a rotas de fuga são fechadas e somos forçados a nos dar conta de que o mal simplesmente acontece neste mundo, que há uma quantidade dele no universo atual que não pode ser plenamente compreendida, independentemente da capacidade de pensar racionalmente.

Por isso nós, tal como Jó, esperamos para ver o que o Senhor responderá.

Confiar no Deus não confiável

O que mais surpreende no livro de Jó é que ele nos leva a esse ponto de tensão e não apresenta nenhuma resposta. Deus responde a Jó do redemoinho, e nós seguramos um dolorido suspiro na esperança de que ele desfaça a confusão de Jó. Mas ele não desfaz. Em vez disso, ele transforma Jó. Algo acontece a Jó no redemoinho. Quando sai da experiência, ele não está mais zangado com Deus. Em lugar do desespero, encontra uma nova perspectiva a partir da qual encara toda a sua vida, pensamento e crença. Em lugar da confusão, ele encontra uma silenciosa eloquência que ainda não é compreensão, mas pelo menos aceitação e paz. Confesso que não leio essas coisas a respeito de Jó no texto tanto quanto as sinto em meus ossos. Mas essa é a resposta que o desvendar no redemoinho parece exigir.

A resposta de Deus a Jó não é exatamente uma resposta. Ao contrário, é uma torrente de perguntas mostrando que Deus conhece os profundos mistérios e detém o poder absoluto:

>Onde você estava quando lancei os alicerces da terra?
>Responda-me, se é que você sabe tanto.
>
>Você já deu ordens à manhã
>ou mostrou à alvorada o seu lugar,
>Você já foi
>   até as nascentes do mar,
>ou já passeou pelas obscuras profundezas do abismo?
>As portas da morte
>   lhe foram mostradas?
>Você viu as portas das densas trevas?
>Você é capaz de levantar a voz
>   até as nuvens
>e cobrir-se com uma inundação?
>É você que caça a presa para a leoa
>e satisfaz a fome dos leões?
>É graças à inteligência que você tem
>   que o falcão alça vôo
>e estende as asas rumo ao sul?[6]

Essa é uma simples amostra. A torrente estende-se por quatro capítulos.

Sobre essas questões permanece o seguinte desafio: "Diga-me, se você compreende!" O desafio já é um indício de que o propósito das perguntas é mostrar a rapidez com que a sabedoria humana chega ao seu limite. O Senhor, em meio ao redemoinho, poderia muito bem destruir Jó com perguntas, mas não faz isso. As perguntas estão muito além da capacidade humana, mas o tom delas é caprichoso e benevolente. "O Senhor é sutil", observou Albert Einstein, "mas não é malicioso".

Em uma leitura superficial, algumas questões parecem apelar para um conhecimento efetivo que o ser humano não tem, enquanto outras parecem apontar para a impotência humana no mundo. Mas as questões não desafiam simplesmente o conhecimento científico e o poder técnico. Em vez disso, desafiam a *sabedoria* humana, uma qualidade que, no pensamento hebraico, reúne o conhecer e o fazer. Conhecer (e fazer) a sabedoria de Deus além das fronteiras da sabedoria humana é de fato ser Deus. A torrente de questões leva, portanto, ao seguinte: se Jó pudesse declarar sua compreensão desses assuntos, manusear o poder onipotente de Deus e governar a terra, incluindo o orgulhoso e o ímpio; se Jó pudesse assumir o lugar de Deus, então Deus o reconheceria como vencedor.[7]

Saindo das cinzas

O redemoinho é o momento decisivo de transição de Jó. Nele o Senhor fala e Jó põe a mão sobre a boca. Ao fechá-la, desiste de suas palavras e de sua sabedoria.[8] Desiste, também, das palavras e da sabedoria de outros em favor do que viu no redemoinho: "Meus ouvidos já tinham ouvido a teu respeito, mas agora os meus olhos te viram".[9] Ele se arrepende no pó e na cinza,[10] e lança-se nos braços restauradores de Deus. O desvendar de Jó no redemoinho é a solução da sua crise. Não se trata de uma explicação, ou de uma resposta em nível intelectual. Embora Deus fale com Jó, a resolução não está nas palavras, mas no encontro; não na racionalidade, mas no desvendar.

Quando as palavras de Jó terminam, e Deus se revela no redemoinho, o mundo razoável dos seus amigos é rejeitado, e mesmo Jó não tem a chance de ser ouvido. Deus não se justificou perante eles, nem deu uma resposta racional para o problema do mal. Em vez disso, revelou-se como O indescritível, o estranho e algo mais. Porém, alguém que é confiável para salvar. O desvendar de Jó mostra que a sabedoria humana logo perde a sua profundidade e não há esperança que possa penetrar até a consciência da razão por trás do mal e do sofrimento. Todavia, a sabedoria de Deus é maior que a irracionalidade do mal. Mesmo quando sentimos que estamos perdidos nas profundezas do vazio, Deus pode produzir significado e redenção. Esse é o mistério revelado no redemoinho. Isso é o que permite ao cristão correr para os braços do Deus que nada faz. Isso permite que o vento que destrói também restaure.

Apesar de todas as exigências de Jó, a história não propõe uma explicação para o resíduo do mal irracional que encontramos no mundo. Em vez disso, diante de todos os argumentos, ela afirma que esse mal existe, e que ele aconteceu a Jó. Além desse conhecimento, a razão humana não pode penetrar.

O desvendar de Jó afirma que Deus vai ao encontro daquele que sofre e mesmo assim persevera pela fé. Nesse movimento de reconhecimento, o Deus que conhece os segredos inescrutáveis do universo desce até nós, revela-se e, por um momento, toma-nos para si mesmo. No redemoinho podemos ter um vislumbre dos mistérios ocultos de Deus. Apenas um vislumbre. Mas esse vislumbre é tudo o que podemos suportar e é o suficiente.

Assim como Jó, nós também temos momentos de revelação quando contendemos com Deus na noite da nossa dor e sofrimento. Nossas revelações podem ocorrer em uma escala menor e nada comparadas podem ser à magnífica visão de Jó. Mas se as permitirmos, elas nos aproximam do ponto onde surge a sabedoria restauradora de Deus. Mostram-nos que a realidade não está contida nos limites das nossas palavras ou raciocínio. A realidade intensifica-se além desses limites. Além deles, a verdade é a seguinte: o encontro entre o Deus que destrói e a pessoa que, apesar disso, confia nele, é o que nos levanta do monte de cinzas.

Contudo, há mais a ser dito, porque essa verdade atinge sua expressão definitiva quando se lança com o rosto em terra no Getsêmani.

7
O Deus das densas trevas

A convicção de Jesus no Getsêmani e na cruz

O único Deus digno de confiança é aquele que não interfere para proteger o piedoso, mas que está presente no meio das trevas, talvez até mesmo como a escuridão total.

LEANDER KECK, *A Future for the Historical Jesus*
[Um futuro para o Jesus histórico]

Era tarde da noite e chovia. Quatro anos haviam se passado desde a morte de Elizabeth. Stephanie, John e eu voltávamos para casa, e eles estavam cansados e com fome. Começaram a discutir, depois a chorar, depois a falar do sofrimento sufocante e da solidão que é vida sem uma mãe e, finalmente, a fazer todas essas coisas ao mesmo tempo. Eu tinha de enfrentar o trânsito da rodovia interestadual, meus óculos estavam ficando embaçados, e o pára-brisa estava embaçado com toda aquela gritaria. Eu tentava permanecer na estrada, tocar a criança no banco da frente, a que estava no banco de trás, dirigir e acionar os limpadores de pára-brisa, pôr e tirar meus óculos, e pensar em algo a fazer e dizer. Mas eu só conseguia pensar em uma coisa: *Não consigo fazer isso. Está além das minhas forças. Não posso fazer isso.*

Em momentos como esses, é fácil reconhecer o próprio limite. Eu sabia que existem coisas que não conseguia fazer, algumas que não sabia e outras que simplesmente não podia dar aos meus filhos. Eu também sabia que não era simplesmente uma questão de trazer para casa uma mulher para ser mãe deles. Era impossível eles terem uma mãe novamente. Mas certamente, eu pensava, mesmo diante daquela terrível carência, a vida podia dar-lhes mais do que uma criança precisa e o que eu sozinho simplesmente não podia.

Os pensamentos, às vezes, tomavam a forma de oração. Não foi uma oração interesseira. Foi um pedido com toda inocência — pelo menos no que passa por inocência entre homens interesseiros. Foi uma oração para não continuar sendo o único adulto da família, não ficar mais sozinho, seja na gravidade ou na frivolidade de nossa vida juntos. Era o desejo por uma segunda escova de dente na pia, o som de alguém cantando no quarto ao lado, por mais participação nos mistérios da vida humana.

Naquela noite na estrada interestadual, sem dúvida alguma senti que Deus não estava fazendo absolutamente nada a respeito daquilo.

Novamente em casa, no meu quarto, fiz uma nova oração depois que as crianças estavam dormindo, a casa em silêncio e a porta fechada:

— Querido Deus — eu disse quase em desespero, mas não totalmente — conceda o desejo do coração. E se isso não for possível, então, por favor, querido Deus, conceda a oração da tua própria escolha.

No momento em que eu disse isso, quase no mesmo instante, percebi que aquilo era o que Deus já fizera. Ele não concedera a minha oração, concedera a *sua*.

Foi difícil extrair algum conforto daquela percepção. Mas adormeci sentindo que eu enfrentara a vontade do Infinito e, pelo menos naquela noite, fiz as pazes com ela.

Há muito no mundo com o que devemos fazer as pazes. Sofrimento sem justificativa. O mal que desafia a explicação racional e contra o qual nada é feito. A aparente passividade ou, pior ainda, malevolência de Deus. Fazer as pazes com tudo isso é um dos desafios da fé. Os salmistas deram a solução deles: em meio a enfermidades e aflições, e com pouca noção da vida após a morte, agarraram o momento presente para conhecer a Deus. Jó deu a sua solução: no fundo da tristeza, confie em Deus mesmo quando ele parece não ser digno de confiança. Essas soluções vão além de criar um ambiente em que possamos confiar na bondade definitiva num mundo onde, às vezes, há pouca razão para confiar.

Mas será que a nossa confiança repousa em algo firme e concreto? Vista de fora, a confiança pode parecer inteiramente subjetiva e interna. É esplêndido que pessoas à beira da morte levantem a cabeça e afirmem o significado da vida! Mas será que existe algo no universo que apóie e justifique nossa confiança?

Jesus e a História Verdadeira

A dura realidade por trás da fé religiosa é a História Verdadeira que enfrenta a ausência de história do vazio. Em um universo que parece sempre inclinado contra nós, cheio de terrores e perigos, que nos deixa desolados e perdidos, apesar de tudo, nunca estamos longe dessa história. Nela encontramos apoio para os valores humanos, esperanças e esforços. Encontramos um poder criativo oposto ao poder do mal. Encontramos um significado oposto ao acaso.

Já vimos a história dos impressionantes lamentos do salmista: "[...] as tuas flechas me atravessaram — Senhor, meu salvador!"[a]

---

[a] Junção de duas petições em Salmos 38.2,22.

É a experiência fundamental descrita no livro de Jó. O vento foi destruição e tragédia, mas foi também a auto-revelação restauradora de Deus. A história encontra-se, também, em nossos momentos decisivos de transição, que nos elevam da tristeza para a felicidade. Finalmente, ela se encontra em escala total na obra de Jesus Cristo e nele atinge seu poder definitivo. Porque é a história verdadeira. E pode tornar-se, também, a nossa história.

Em Cristo, Deus entrou no barulho, na fumaça e na preocupação da vida humana, tomou sobre si nossa perplexidade, nossa dor, os desejos mais ardentes do nosso coração e mostrou-nos que podemos confiar no tempo, no universo e na existência porque *ele* confiou neles. A história de Cristo — a Verdadeira História — mostra-nos que o Deus infinito quer elevar criaturas limitadas para si mesmo, de forma que possamos conhecê-lo e desfrutá-lo para sempre, colocados fora do alcance do vazio para sempre.

Os elementos essenciais da História Verdadeira são a descida e a subida, um descer às regiões do vazio e um subir à vida da ressurreição de Deus. Essa história de dois movimentos, de descender e ascender, é a maneira fundamental pela qual os cristãos têm compreendido a obra de Jesus Cristo.

Um dos relatos mais remotos da história é preservado no que parece ser um antigo hino citado pelo apóstolo Paulo. Nele, Cristo tinha a forma de Deus e era igual a Deus. Como poderíamos dizer, antes que o mundo fosse criado, em um momento no qual o tempo não existia, Deus tinha em si mesmo o que foi revelado em Jesus Cristo. Mas, apesar de Cristo ser igual a Deus, ele não se apegou a isso. Ele considerou isso perda, esvaziou-se, tomou a forma de servo e nasceu na humanidade do nosso mundo. Assim, Jesus de Nazaré juntou-se a nós em nossa vida no declive da montanha. Cristo identificou-se conosco tão profundamente que curvou a cabeça na morte e desceu às mais profundas regiões da experiência humana. Das profundezas, Deus o elevou e o exaltou à posição mais alta e deu-lhe o nome acima qualquer outro nome, o nome de *Senhor*.[b]

Os Evangelhos, também, contam uma história de descida e subida. Imediatamente, o Cristo eterno desceu e encarnou-se em Jesus, envolto em panos e posto em uma manjedoura. Aprendeu o aramaico, que os habitantes de Jerusalém consideravam um dialeto rude e simples do norte do país. Juntou-se ao povo simples no templo e na sinagoga. Tornou-se um mestre itinerante e fez tanto amigos quanto inimigos. Conhecendo os riscos e perigos, dirigiu-se corajosamente a Jerusalém. Orou para que sua vida fosse poupada, mas quando os soldados do templo chegaram ele não opôs resistência. Foi açoitado e humilhado, pregado em um pedaço de madeira até à morte e enterrado. Desceu às maiores profundezas e mergulhou na inexpressividade cega e sem sentido do vazio. Essa foi sua vida no declive da montanha. Todavia, o mover de Deus superou o poder que busca engolir as aspirações humanas para dentro do absurdo e da falta de propósito. As mulheres que foram ao túmulo de Jesus na manhã de domingo encontraram-no vazio e voltaram com a mensagem de que ele havia ressuscitado. Sua história não terminara em extinção. Ele chegara ao ponto de transição e, pelo poder de Deus, foi levantado das profundezas e trazido novamente à vida e à bem-aventurança.

Ressurreição e fé

Em algumas semanas, a igreja primitiva estava anunciando a extraordinária notícia a respeito da História Verdadeira. Agora o mover de Deus tinha revelado o movimento ascendente na

---

[b] *Senhor* é o mais alto nome, porque é o nome de Deus. A passagem em forma de hino encontra-se em Filipenses 2.5-11.

ressurreição de Jesus, e isso não era nada menos do que a revanche da fé.[c]

A ressurreição vingou a fé e o Deus de Israel. O ressurgir de Jesus completou e validou o mover de Deus em Israel, e o Deus desforrado pela ressurreição era exatamente o Deus em quem Israel crera — "O Deus de Abraão, de Isaque e de Jacó, o Deus dos nossos antepassados".[1] Isso significou, também, que era exatamente o Deus em quem Jó crera, o Deus daqueles que haviam composto as lamentações encontradas nos salmos. Na verdade, cada israelita que, em terror e agonia de espírito, clamara a ele por justiça e ajuda. Sua revanche estava de acordo também com a revanche dos fiéis de Israel. Eles não viveram, sofreram e morreram inutilmente. Viveram e morreram confiando no Deus que um dia ressuscitaria os mortos e uniria suas histórias à História Verdadeira.

A ressurreição justificou também a confiança e o Deus de Jesus. O Deus que ficou quieto e invisível na cruz mostrou sua credibilidade ressurgindo dentre os mortos Aquele que nele confiara. Aquele que confiara e entrara nas trevas foi exatamente o mesmo a quem Deus ressuscitou e glorificou como seu Servo e Filho. A vida de Jesus foi de fé inteira, portanto, justificada por sua ressurreição. Não apenas seu corpo foi ressuscitado, mas tudo o que ele foi, fez ou disse, toda sua história humana no declive da montanha foi, por sua Ressurreição, elevada à eterna presença de Deus e recebeu propósito e significado. A ressurreição de Jesus comprovou que é assim que a vida deve ser vivida, confiando em Deus apesar do vento e das trevas de sua aparente ausência.

---

[c] Na pregação da igreja primitiva, a ressurreição mostrava que Jesus descendia de Davi e era o Filho de Deus (v. Rm 1.3,4); ela cumpria as promessas de Deus aos patriarcas de Israel (v. At 3.13-15). Esses temas essenciais na crença de Israel — filiação, promessa, serviço — e a ressurreição de Jesus significavam que a crença de Israel havia sido confirmada.

Uma vez que vivemos no lado descendente da história, nosso principal interesse está relacionado à fé na descida da montanha. Sobrevêm dias sobre nós — e queira Deus que sejam poucos! — quando somos esmagados pela perda, pelo medo, pela desolação, e nos sentimos logo mergulhados na vacuidade aleatória do nada. O que a História Verdadeira nos diz nesses momentos quando a nossa própria dor e desolação clamam que não se deve confiar em Deus?

Uma resposta nos vem do Getsêmani, o pequeno bosque de oliveiras onde Jesus lutou com Deus à noite e, contudo, confiou naquele que o levaria direto para o sofrimento e morte. Uma segunda resposta vem da Cruz, onde Jesus tomou emprestado dos Salmos a linguagem para expressar sua fé no Deus que o abandonara em seu momento de maior necessidade.

A fé no Getsêmani

Na noite de quinta-feira, após celebrar sua última Páscoa com os discípulos, Jesus saiu de Jerusalém e foi a um jardim no monte das Oliveiras, chamado Getsêmani. Ele convocou Pedro, Tiago e João entre os demais discípulos e, usando palavras que lembravam os Salmos, disse-lhes: "A minha alma está profundamente triste, numa tristeza mortal".[d] Ele caminhou um pouco mais adiante no jardim, lançou-se ao chão e orou aflito e angustiado.

No Getsêmani, Jesus enfrentou a escolha entre aceitar a decisão de Deus ou buscar sua própria vontade. Eu senti o impacto daquela escolha pela primeira vez enquanto lia o livro de George Hedley, *The Symbol of the Faith*[2] [O símbolo da fé]. O próprio autor esteve no Getsêmani certa quinta-feira à noite, antes da

---

[d]Marcos 14.34, repetindo a linguagem de Salmos 42.5,6,11. Os salmos 42 e 43 estão divididos erroneamente. Juntos eles constituem um único salmo.

Sexta-feira Santa, e percorreu a distância do jardim até o cume do monte das Oliveiras. Foi uma rápida subida de dez minutos pelo escuro bosque de oliveiras até o cume, onde se cruza as desoladas e despovoadas terras áridas que descem até o vale do Jordão. À medida que o sol se punha no horizonte, a lua da páscoa subia no leste e brilhava plena sobre os edifícios brancos de Jerusalém. O Getsêmani, na encosta leste do monte, já estava envolto pela escuridão.

Ali, vinte séculos atrás, Jesus defrontou-se com a sua maior crise moral. Um de seus seguidores fora traí-lo e conduzir a polícia do templo até onde ele estava. Em breve, eles o prenderiam no jardim escuro, longe das multidões que poderiam ter acorrido em sua defesa durante o dia. Três homens, Pedro, Tiago e João, foram mais adiante do que os outros no jardim, mas, no momento mais terrível da aflição e necessidade de Jesus, deitaram-se e dormiram. Do outro lado do vale do Cedrom, tochas vindo da porta da cidade podiam ser vistas. Seria fácil agora, antes que Judas e a polícia do templo chegassem, enquanto Pedro, Tiago e João dormiam, escapar por entre as árvores, subir pela escuridão até o cume e desaparecer pelo lugar deserto onde ninguém poderia encontrá-lo, onde ninguém se preocuparia em olhar.

Esse foi o cenário no qual Jesus aceitou que deveria descer a montanha até o fim. Ele mal podia conservar a serenidade. Quando Marcos diz que Jesus estava "profundamente triste", descreve o estado mais próximo do colapso emocional e físico que se pode imaginar.[3] Nesse estado Jesus orou: "*Aba*, Pai [...] Afasta de mim este cálice". Nessas palavras, diz Marcos, ele pediu que aquela "hora" fosse afastada dele.[4] A oração de Jesus não era uma mera súplica para não morrer. Era uma súplica para não sofrer aquela *hora* e morrer. O tempo de oração no Getsêmani termina, e a hora do sofrimento de Jesus começa quando Judas chega e Jesus diz aos três discípulos: "Chegou a hora! Eis que o Filho do homem está sendo entregue nas mãos dos pecadores".[5] Portanto, não significa meramente a morte, mas toda a gama dos sofrimentos de Jesus. Ele orou para ser poupado de toda série de sofrimentos: a detenção, os julgamentos, a zombaria, os espancamentos, a crucificação, o último suspiro desesperado, o enterro no túmulo. Jesus orou três vezes e três vezes Deus não fez nada.

As três orações foram uma luta pelas quais, contrariamente à sua própria vontade, Jesus submeteu-se à vontade de Deus. No evangelho de Mateus, a primeira oração de Jesus é: "[...] se for possível, afasta de mim este cálice". A segunda é: "[...] se não for possível afastar de mim este cálice sem que eu o beba, faça-se a tua vontade".[6] Aqui há uma mudança: de "se for possível" para "se não for possível"; de "não seja como eu quero" para "faça-se a tua vontade". Dizer ao Deus que não faz nada para evitar a catástrofe e a ruína "faça-se a tua vontade" é uma oração surpreendente. Contudo, Jesus não só disse essas palavras, como também as viveu. Ele permaneceu no Getsêmani até a chegada de Judas, e não resistiu quando foi levado para finalmente ser crucificado.

A fé sobre a cruz

Sabemos que Jesus confiou em Deus até o fim, pois sobre a cruz ele clamou: "Meu Deus! Meu Deus! Por que me abandonaste?"[7] Confrontado com a quase esmagadora evidência da ausência de Deus e do irresistível poder do vazio, não obstante, Jesus voltou-se para Deus em oração.

As palavras de desamparo de Jesus na cruz são tiradas do salmo 22, um lamento que começa com o clamor de desespero perante a inatividade de Deus e termina com o cântico de louvor a Deus nos átrios do templo. Ao citar o primeiro versículo do salmo, Jesus também lembra-se de todo o restante dele e faz de todo o salmo sua oração. Tão logo começamos a lê-lo, encontramo-nos de volta entre os salmistas que confiavam em Deus apesar de suas demoras e escolhem louvá-lo em meio a suas tristezas e proximidade da morte.

> Meu Deus! Meu Deus!
>   Por que me abandonaste?
> Por que estás tão longe de salvar-me,
> tão longe dos meus gritos de angústia?
> Meu Deus!
> Eu clamo de dia, mas não respondes;
> de noite, e não recebo alívio!
> Em ti os nossos antepassados
>   puseram a sua confiança;
> confiaram, e os livraste.
> Mas eu sou verme, e não homem,
> motivo de zombaria
>   e objeto de desprezo do povo.
> Contudo, tu mesmo me tiraste do ventre;
> deste-me segurança
>   junto ao seio de minha mãe.
> Não fiques distante de mim,
> pois a angústia está perto
>   e não há ninguém que me socorra.
> Meu vigor secou-se como um caco de barro,
> e a minha língua gruda no céu da boca;
> deixaste-me no pó, à beira da morte.
> Cães me rodearam!
>   Um bando de homens maus me cercou!
>   Perfuraram minhas mãos e meus pés.
> Dividiram as minhas roupas entre si,
>   e lançaram sortes pelas minhas vestes.
> Tu, porém, SENHOR, não fiques distante!
> Ó minha força, vem logo em meu socorro!

> Proclamarei o teu nome a meus irmãos;
> na assembléia te louvarei.
> Louvem-no, vocês que temem o SENHOR!
> Glorifiquem-no, todos vocês,
> descendentes de Jacó!
> Tremam diante dele, todos vocês,
> descendentes de Israel!
> Pois não menosprezou
> nem repudiou o sofrimento do aflito;
> não escondeu dele o rosto,
> mas ouviu o seu grito de socorro.
> Todos os confins da terra
> se lembrarão e se voltarão para o SENHOR,
> e todas as famílias das nações
> se prostrarão diante dele.[8]

Uma antiga oração hebraica veio a ser a própria oração de Jesus. Com suas palavras nos lábios, o eterno Cristo de Deus fez-se solidário com a raça humana e curvou a cabeça na morte.

A nossa fé e a de Jesus

Aqui está a encruzilhada da cruz: Jesus confiou em Deus mesmo quando Deus esteve em silêncio e invisível. Lançou sua tristeza e lamento ao céu e terminou com as palavras: "A tua vontade, não a minha". Então, levantou-se e andou destemidamente para a execução e para a descida ao vazio. Deus não afastou o cálice, e Jesus submeteu-se a horrores indizíveis e à morte.

Exatamente por Deus não ter feito nada e Jesus ter depositado nele a sua confiança, a convicção de Jesus fortalece a nossa fé em momentos de descida.

A questão para nós não é: podemos seguir a Cristo dessa maneira? A questão é: podemos seguir um Cristo como ele? É improvável que confiemos com a força e a intensidade da confiança de

Jesus. Basta que modelemos nossa fé à de Jesus e, ao fazê-lo, tornamo-nos parte da História Verdadeira.

Pode parecer audacioso para nós colocar nossas histórias ao lado da História Verdadeira, e de fato o é. Imagine a simples idéia de um homem chorando e embaçando as janelas de seu carro tendo alguma semelhança com Jesus no Getsêmani! Ou que uma mulher em seu leito de dor, sublinhando palavras dos Salmos, tenha alguma semelhança com Jesus clamando a Deus na cruz!

Todavia, a semelhança *existe*. Toda a nossa confusão e sofrimento no precipício é um esboço pálido e incerto em relação ao modelo mestre. Não estamos errados em ver a semelhança, pois o chamado à vida cristã é um chamado para fazer nossa a História Verdadeira descer e subir. "Se alguém quiser acompanhar-me", disse Jesus, "negue-se a si mesmo, tome a sua cruz e siga-me".[e] Segui-lo é traçar o perfil da nossa obediência de acordo com a obediência dele. Esse perfil desce até a cruz.

A nossa fé não é mal investida. O Deus que não faz nada é exatamente o Deus em quem se pode confiar. O Deus que abandonou Jesus na cruz é exatamente o mesmo que o ressuscitou dentre os mortos e deixou para nós, na manhã de domingo, aquela tumba vazia que fala da esperança no futuro eterno de Deus.

---

[e] Marcos 8.34; Mateus 16.24 e Lucas 9.23. O teor do evangelho de Lucas deixa ainda mais claro que este é um chamado, não uma possibilidade remota, mas um estilo de vida, porque o seguidor de Jesus precisa tomar sua cruz "diariamente".

8
O futuro de esperança

A fé e a ressurreição de Jesus

É só o amor de Deus, revelado e formalizado em Cristo, que redime a tragédia humana e a torna tolerável. Não; mais do que tolerável. Maravilhosa.

Angus Dun

Eu guardei a Bíblia na qual Elizabeth assinalou os versos dos Salmos, de Jó e do Novo Testamento. Guardo também, preso ao espelho da cômoda, o cartão que ela me pediu para imprimir. Quando virava a cabeça, ela podia ler estas palavras:

O Deus de toda a graça, que os chamou para a sua glória eterna em Cristo Jesus, depois de terem sofrido durante um pouco de tempo, os restaurará, os confirmará, lhes dará forças e os porá sobre firmes alicerces.[1]

Depois do sofrimento vem a restauração. Depois do terror do mergulho precipício abaixo vem o momento de retorno e subida das trevas. Embora a hora presente pareça a única oportunidade para a vida e a firmeza — e ser horrível sentir-se envolto pelo vento e pelas trevas! — a presença eterna de Deus contém seu ato criativo definitivo além da enfermidade e do sofrimento.

Temos a certeza dessa promessa por intermédio da ressurreição de Cristo. O túmulo vazio é mais do que um dado isolado que pertence somente a uma antiga história e permanece para sempre sozinho. Ao contrário, pertence a uma história universal e futura. Ele é o primeiro sinal de uma ressurreição que um dia se tornará a história de todos nós. As possibilidades de Deus não se exaurem em nossa existência temporal. Por isso, podemos ter esperança.

O Deus surgido da máquina?

Por falar em esperança, quero evitar o barateamento da condição humana ou tornar a ressurreição de Jesus (e também a ressurreição geral) um expediente teatral. Em sua imaginável representação mais incipiente, a ressurreição pode ser transformada em pouco menos do que um artifício para forçar um final feliz para uma história triste, como um garoto de escola escreveria: "Papai perdeu as duas pernas, a nossa casa pegou fogo, perdemos todo o solo fértil da nossa fazenda e aí um pássaro prateado voou com uma ervilha mágica que nos dá tudo o que queremos no bico".

No antigo teatro grego, as peças às vezes terminavam com uma solução inventada, como a citada. Um deus aparecia no final da história e, por sua intervenção, resolvia complicações que, de outra forma, seriam insolúveis. A descida de Apolo do Olimpo ao palco devia ser magnífica, mas dos bastidores via-se apenas um ator sendo baixado por algo parecido com um guindaste. A expressão *deus ex machina* [o deus surgido da máquina] ainda sobrevive em nossa linguagem literária. Nós a usamos para criticar finais felizes inventados de forma mirabolante. Será que a fé bíblica caminha conosco até aqui apenas para nos deixar no final com esse improvável "deus surgido da máquina"?

Verdadeiramente, o final do livro de Jó chega perigosamente perto disso. Depois de perder sua fortuna, seus filhos e sua própria saúde, depois de esbravejar contra Deus e xingar seus amigos, depois de ser reduzido ao silêncio por impenetráveis mistérios; depois de tudo isso, nos oito derradeiros versículos do livro, Jó é restaurado. Deus o torna duas vezes mais próspero do que antes, restabelece sua família e o abençoa novamente com sete filhos e três filhas. Jó vive por muitos anos e morre "em idade muito avançada".[a] Somos tentados a contestar que se Jó tivesse vivido em nosso mundo teria morrido no último capítulo sentado em seu monte de cinzas. Naquilo que chamamos de "mundo real", confiamos e esperamos que o mundo permaneça como é, um mundo no qual não existem finais felizes teatrais, ao contrário, uma invariável mistura de encanto e tristeza do começo ao fim.

Que espécie de Deus seria esse deus surgido de uma máquina que cria finais felizes? Seria, em algum sentido, confiável? Lembro-me de amigos que diziam: "Estamos orando por um milagre, estamos orando por uma cura". Isso foi um mês antes do fim. Eu gostava do que diziam. Quem não desejaria o bem em lugar do mal? Quem não desejaria que o bem descesse até o palco com um milagre oportuno? Ao mesmo tempo, eu não podia deixar de me questionar se tal bem não seria insensivelmente cruel, permitindo que pessoas se contorcessem de dor, sabendo o tempo todo que no último momento ele faria um truque e todos ficariam felizes novamente. Será que alguém em juízo perfeito confiaria em um deus como esse?

---

[a] Jó 42.10-17. O livro de Jó é salvo da acusação de ser artificial se virmos o enredo como um homem muito rico que passa pelo conteúdo mesclado de sua vida. Nós, também, passamos pela mesma flutuação do alto ao baixo e, novamente, ao alto, apesar de normalmente não ao grau extremo de Jó – só que não somos orientais ricos e influentes!

Hoje penso que minha reação negativa foi severa demais. Há pessoas que "obtiveram promessas, fecharam bocas de leões, extinguiram a violência do fogo, escaparam ao fio da espada, da fraqueza tiraram força, [...] receberam, pela ressurreição, os seus mortos".[2] Devemos ficar alegres por essas histórias. Contudo, a fé também tem algo a dizer quando não há milagre e devemos adentrar o vento a passos largos.

A maioria de nós, de fato, é chamada a seguir o caminho mais difícil. Para nós, o Deus de nossa fé não consiste em um deus surgido da máquina. Consiste em um Deus que está ao nosso lado, mesmo nas trevas, e é digno de confiança mesmo quando nos abandona (como parecerá) ao poder do vazio. Consiste em um Deus que entrou, ele mesmo, em nossa escuridão e compartilhou nosso abandono. O Deus da nossa fé não entra em nossa história só depois de termos descido pelos horrores e emergido para a feliz ladeira ascendente. Ele também percorre todo o caminho da nossa descida através da tristeza e do sofrimento. Deus é extremamente presente e confiável tanto na descida quanto na subida. É por isso que ele não é o deus improvável da máquina, mas o verdadeiro Deus em quem se pode confiar. Nem a História Verdadeira é uma história improvável. Nós a vemos em toda parte onde existe uma descida, como a morte, seguida de uma subida para uma nova vida. Sua real generalidade a torna completamente provável — quase previsível. Portanto, temos fundamento para a esperança.

A obra oculta de Deus

Jesus confiou no Deus que não fez nada e a vida seguiu seu curso até a cruz. Nenhum passarinho prateado apareceu com uma ervilha mágica. Não apareceu nenhum deus improvável de uma máquina. Nenhum milagre de última hora o resgatou do sofrimento e da morte. Todavia, Deus ressuscitou Jesus dentre os mortos. Se a ressurreição de Jesus não foi um artifício improvável, então *como* devemos entendê-la?

Vale a pena começar perguntando *para quem* foi a ressurreição? Não para Jesus, eu penso. Alguém pode imaginar que se Deus simplesmente tivesse a intenção de levar seu Servo novamente à sua presença, poderia ter feito isso de uma forma oculta. O fato de todo esse processo ter sido público significa que tudo aconteceu explicitamente para o benefício de alguém além de Jesus.

Nem a ressurreição em si foi vista por alguém. Havia um túmulo vazio, mas não temos relatos de testemunhas que tivessem visto Jesus saindo dele. Houve certas aparições pós-ressurreição, mas nenhuma indicação de um transeunte que casualmente tenha visto algo. Em vez disso, o Jesus ressurreto *apareceu*. Ou seja, ele se revelou de forma seletiva a pessoas escolhidas. Ele fez isso por uma razão: para ensiná-las, explicar-lhes certas coisas, comissioná-las e capacitá-las.[3] A ressurreição em si foi oculta, enquanto que o Jesus ressurreto foi publicamente apresentado. Quanto ao túmulo vazio, podia ser visto por qualquer um.

Pela sua condição oculta, a ressurreição de Jesus desafia a imagem visual. Não quero dizer que a ressurreição não aconteceu, mas que é difícil de visualizar. O pintor Matthias Grünewald do século 16 a visualizou como qualquer um teria feito, contudo, deixou a desejar. Em um painel do altar de Isenheim, agora em Colmar, na França, Grünewald criou uma representação tão maravilhosa do Jesus agonizante e morto que deixa os visitantes aturdidos e mudos. Em outro painel, criou uma representação igualmente maravilhosa de um Jesus luminoso ressurgindo do túmulo e banhado em fluorescência vermelho amarelada. Ou seja, a obra é artisticamente maravilhosa, mas não retrata a verdade do ponto de vista teológico. Não para mim, de forma alguma. Olhei um painel, depois o outro, e fui incapaz de estabelecer qualquer ligação entre o Jesus agonizante e o ressurreto.

Isso pode ser falha minha mais do que qualquer coisa. Nenhum de nós experimentou algo comparável à Ressurreição. Nem experimentaremos até cada um de nós ter feito aquela subida vertical para a eternidade de Deus. Até então, não precisamos tê-la visto ou mesmo formar uma imagem dela. Precisamos somente da declaração a respeito do Jesus ressurreto e do túmulo que estava vazio.

Aqui está o que nos é declarado na história do túmulo vazio: na realidade concreta da história, contra quase todas as esmagadoras evidências de que a vida é fútil e irremediável, em um momento particular e um certo lugar, recebemos um pequeno, porém suficiente, testemunho de que a fé em Deus finalmente será justificada. Para aqueles que confiam em Deus como Jesus confiou, o futuro será a sua validação. Deus é digno de confiança e acabará trazendo o fiel das profundezas à ascensão, o que não é apenas a salvação do pecado, mas também a redenção da nossa tristeza e sofrimento.

No momento ponha de lado os prazeres da vida, aquelas coisas nas quais podemos ter prazer diário, as celebrações simples que podem ser recebidas, quase sempre, junto com tristezas. Pense somente na descida às profundezas: a paisagem cinza e rochosa que leva cada vez mais a baixo, agora escorregadia sob os pés, o trovejar da terra se abrindo — "o bramido dissonante dos seixos"[b] — compelindo alguém a entrar. Finalmente, o silêncio

---

[b]Matthew Arnold, "Dover Beach", in *New Poems* (London: MacMillan, 1867). Esse curto porém complexo poema trata da perda da fé em um momento confuso e desnorteado. Dois amantes fazem um retiro para encontrar uma solução de curto prazo. O orador chama sua amada à janela sobre a praia:

reina e os pedaços de xisto não deixam rastro de que alguém alguma vez esteve lá. Essa era a mortalidade humana antes da vinda de Cristo, e essa é a mesma mortalidade a que Cristo foi submetido.

Agora, depois da Ressurreição, há algo mais. Sobre os "pedregulhos desnudos do mundo" está uma nova pedra, de espécie diferente. Vermelho sobre cinza, a pedra é um sinal do futuro que existe na encosta ascendente, que alguém esteve lá antes de nós, e que outros que também confiam em Deus como ele confiou, serão levantados das profundezas do vazio. Essa é a mensagem do túmulo vazio. O ressurgir de Jesus fala-nos interiormente de uma história que não se exauriu até seu Momento Decisivo de transição no fim dos tempos. Mas sua ressurreição já pertence àquele

> Ouça! Você ouve o bramido dissonante
> Dos seixos que as ondas puxam de volta, e arremessam,
> Em seu retorno, para o alto da praia.

O som da água recuando sobre os seixos na praia foi ouvido pelo dramaturgo grego, Sófocles: "E ela traz/ Em sua mente o vai e vem/ Da miséria humana". Para Arnold, o som traz à mente outro pensamento. O "Mar da Fé / Esteve uma vez, também, cheio".

> Mas agora eu só ouço
> Sua tristeza, demorado, bramido que recua,
> Retirando-se, para o alento
> Do vento noturno, ao longo das vastas margens tristes
> E dos pedregulhos desnudos do mundo.

Desde que somente existe futilidade no mundo e a fé em si está diminuindo, o orador apela à sua amada para que se apeguem ainda mais um ao outro:

> Ah, amor, sejamos verdadeiros
> Um ao outro! Porque o mundo...
> Não tem nem alegria, nem amor, nem luz,
> Nem certeza, nem paz, nem ajuda para o sofrimento.

Eu cito esse poema como certo detalhe porque ele é uma representação lúcida e forte do movimento descendente da vida — mas sem a mensagem da História Verdadeira de esperança e redenção.

Momento Decisivo e nos é dada como uma mensagem que fala das coisas futuras de Deus.

O padrão de esperança

Eu disse anteriormente que a generalidade do padrão de descida e ascensão é um argumento para a credibilidade da História Verdadeira. Esse padrão, de fato, aparece em toda parte. Jesus o encontrou no mistério da vida e do crescimento: "Digo-lhes verdadeiramente que, se o grão de trigo não cair na terra e não morrer, continuará ele só. Mas se morrer, dará muito fruto".[4] Jesus aplicou o padrão diretamente a assuntos da vida e da fé, ensinando que levar uma vida que vem de Deus é descer e servir;[5] dar é receber e ser abençoado;[6] ser o último — uma criança, um servo — é ser grande no reino de Deus;[7] perder a vida para Deus é achá-la;[8] chorar para ser consolado, ser humilde para herdar a terra, ser perseguido para pertencer ao reino de Deus.[9] Vemos, em todos esses ensinamentos, o padrão de descer e ser alçado.

A igreja primitiva também viu esse padrão: morrer arrependido e batizado na morte de Cristo é ressuscitar para uma nova vida pelo poder de Deus;[10] submeter-se a outros em espírito de mútua interdependência é honrar a Cristo e submeter-se à vontade de Deus de todo coração;[11] ser pobre no mundo é ser rico em fé e herdar o Reino;[12] reproduzir, em nossos procedimentos com os outros, o padrão de Cristo, que desceu de Deus para tornar-se servo, é ter a mente de Cristo.[13]

O lado descendente do padrão é a história da civilização humana. Não quero dizer que tudo está necessariamente destinado a tornar-se cada vez mais decadente em uma descida linear (apesar de a verdade dessa afirmação dar uma boa discussão). Quero dizer apenas que independentemente de quão boa e decente a humanidade possa tornar-se, sempre haverá limites para a sua fragilidade e inconstância. Uma nação ou uma cultura terá seu momento de grandeza, e depois passará para a história.

O lado descendente é também a história de cada ser humano. Não importa quão esplêndidas e belas as vidas individuais possam ser, cada vida chega ao fim, e do nosso ponto de observação, desce para o vazio. O homem mais velho que já viveu, um dia morreu.

Contudo, mesmo em uma história universal que no momento está no declive e ainda não chegou ao seu Tempo Final e ao Momento Decisivo de transição, a História Verdadeira é o exemplar do qual bons momentos e boas vidas são cópias. A vida de fé, sustentada mesmo contra a evidência irresistível para o mergulho interminável nas trevas, é uma queda e uma ascensão e, portanto, uma re-narração da História Verdadeira. Participa da História Verdadeira e é parte dela. É por isso que George MacDonald disse que o Filho de Deus "sofreu até à morte, não que os homens não devessem sofrer, mas que o sofrimento deles pudesse ser como o dele".[14] Por sua resposta de fé, acreditava MacDonald, os sofrimentos dos homens "os levavam à sua perfeição". É por isso que Martin Luther King Jr. disse: "Tenho vivido estes últimos anos com a convicção de que o sofrimento imerecido é redentor". Por essa decisão de fé, ele descobriu que podia "transformar o sofrimento em uma força criativa".[15] Essas são, porém, formas diferentes de perceber que nossa vida pode tornar-se uma com a História Verdadeira e tomar emprestada sua qualidade redentora.

Nossos breves instantes de fé e percepção participam, também, da História Verdadeira. Correr o risco de ultrapassar nossos próprios limites, descobrir-nos ao indomável e estranho poder da ordem natural no céu noturno e no nascer do sol, decidir-nos pelo louvor e confiar em uma palavra como a nossa, descer até nossa mortalidade sabendo que mesmo lá estamos na presença de

Deus — todos esses momentos são reproduções da História Verdadeira e aceitam não somente uma descida à humildade ou obediência, mas também uma ascensão à vida de santidade. Cada um desses momentos de mudança, não importa a sua pequenez ou trivialidade, reflete a História Verdadeira como toda gota de orvalho reflete o sol, o céu e a terra. Olhe de perto e está lá, pequeno e aceitável. Cada um desses momentos traz consigo a redenção de Deus.

A redenção da esperança

Quando Elizabeth e eu nos viramos e lemos o cartão no espelho da cômoda, soubemos que, mesmo em meio a tudo isso, a esperança ainda pode sobreviver — e não somente *pode*. Crescemos na confiança de que a esperança é apoiada e sustentada pelo Criador do tempo, do universo e da existência. Por meio de nossa esperança, sabíamos que a vida e a indescritível doçura e desejo da ardente vontade humana será, finalmente, resgatada do poder e do mal do vazio.

É o poder da História Verdadeira que nos levanta do desespero. Quando chegam os dias maus, esperamos por melhores, e não esperamos de maneira tola, mas com firme confiança. Quando entramos nas trevas e na morte, ainda assim esperamos por luz e vida.[c]

---

[c] Quando a palavra *esperança* tem um significado religioso, significa esperar *em Deus*. Ou seja, esperança é a firme confiança em Deus para realizar algo bom que esteja de acordo com seu caráter e promessa. Assim, quando Deus prometeu descendência a Abraão e Sara em sua idade avançada "Abraão, contra toda esperança, em esperança creu" (Rm 4.18). assim "nós, que nos refugiamos nele para tomar posse da esperança a nós proposta. Temos esta esperança como âncora da alma, firme e segura" (Hb 6.18b,19a). A esperança cristã não está limitada apenas a este mundo (1Co 15.19); devido à ressurreição de Jesus, a "fé e a esperança" da Igreja estão em Deus que o ressuscitou (1Pe 1.21) e que finalmente será cumprida "quando Jesus Cristo for revelado" (1Pe 1.13; v. tb. Cl 1.5).

Sabemos que Ele esteve aqui antes de nós, confiou em Deus em cada passo e encontrou, no Momento Decisivo de transição, a validação e o significado da fé.

É o poder da História Verdadeira que triunfa sobre o pecado, sobre o mal, sobre o Diabo, sobre a decadência, sobre o absurdo e sobre a inexpressividade — tudo aquilo que pertence ao vazio. No momento de transição, a vontade perecível ressurgirá imperecível. A fraqueza será transformada em força. A desonra em glória. A morte em vida. A tristeza em alegria.[16]

É o poder da História Verdadeira que nos redime da futilidade. Sabemos que o nosso trabalho não é em vão, porque na Ressurreição toda a nossa história, todas as pessoas que somos e fomos, toda a nossa dor, tristeza e anseio são levados à presença de Deus. Nada se perde, nada fracassa, nada é em vão. Em Cristo, nossos esforços e sofrimentos recebem validação e significado, porque toda a nossa história nos leva à presença de Deus. Percorremos o cume do passado através do vento gelado do presente e entramos no futuro escuro e encoberto, sabendo que Deus sempre tem um futuro. Lá ele completará a boa obra da sua criação.

9
Encontrando o caminho

Pensamentos para a jornada

A jornada é simples e está pronta para qualquer um.

Desiderius Erasmus

Tem sido uma longa jornada desde aquelas noites e dias quando nosso mundo mudou completamente e nada ficou como era antes. Contudo, Stephanie, John e eu chegamos até aqui e queremos apenas seguir em frente, avançando cada dia rumo ao futuro inesperado e lá encontrar as oportunidades preparadas para nós pelo passado.

Antes de terminar este livro, gostaria de dizer algo de natureza prática a respeito do que aprendemos e de como é possível alguém encontrar o caminho para um lugar de fé e plenitude através de tempos tenebrosos. O meu desejo é que nos dias de descida ao vale, seu coração incline-se em fé Naquele que está lá, mesmo que pareça não estar, e que o seu pensamento e ação sejam inundados com otimismo e esperança.

Aceite a vida

A vida engloba muitos aspectos nobres e elegantes, muitos monótonos e desagradáveis, e muitos que se encaixam em algum lugar entre esses. A vida é uma grande mistura, e devemos aceitá-la por completo. Pode parecer que estou aconselhando o impossível. Mas quando aceitamos tudo na presença de Deus, nossa experiência de vida torna-se mais rica e profunda.

Em seu poema "Beleza de várias cores", Gerard Manley Hopkins celebra a beleza das coisas multicoloridas e manchadas. "Glória seja dada a Deus pelas coisas manchadas", escreveu, pelos padrões de claro e escuro da natureza e da paisagem, pelas coisas inconstantes e sardentas, pelas coisas "rápidas e vagarosas; doces e azedas; pelo excesso de luz e pelo escurecer"[1] Muito ao contrário de rejeitar o vagaroso em favor do rápido e o azedo em favor do doce, Hopkins aceitava todos como parte do padrão da vida. Somente o padrão de Deus é puro e não muda. Nossa experiência de vida não é nem completamente doçura e luz, nem completamente escuridão e desespero. A fé responde à nossa experiência mista pela aceitação da vida no louvor de Deus. E, apesar de Hopkins não expressar claramente isso, podemos perfeitamente concluir que esperar que a beleza da vida seja pura é, em última análise, uma forma de idolatria; só Deus é prazer puro.

Pense na tremenda variedade de experiências humanas descritas no livro de Eclesiastes.[2] Não apenas existe um tempo para nascer, como existe um tempo para morrer. Não apenas para plantar, mas também para arrancar. Para matar e para curar. Chorar e rir. Prantear e dançar. Abraçar e afastar-se. Tempo para procurar e tempo para desistir. Do ponto de vista meramente humano, isso parece insensato. Se tudo o que construímos acaba novamente destruído e todo bem sofre a oposição do mal, então "O que ganha o trabalhador com todo o seu esforço?"[3] Nada, parece — se não fosse pelo Deus que se deu a nós em seus mandamentos e que "trará tudo a julgamento [...] seja bom seja mau".[4]

O apóstolo Paulo conhecia a natureza mesclada da vida e reagiu a ela com fé. Ele descobriu que a capacidade de aceitar o conteúdo misto da vida com contentamento era obra do Espírito de Deus. "Sei o que é passar necessidade", escreveu ele, "sei o que é ter fartura". Contudo, ele não recebeu isso naturalmente; foi algo que precisou aprender. "Aprendi", disse, "a adaptar-me a toda e qualquer circunstância". Ele escreveu: "Aprendi o segredo de viver contente [...] seja bem alimentado, seja com fome, tendo muito ou passando necessidade". E aqui está o segredo: "Tudo posso naquele que me fortalece".[5] Quando aprendermos esse segredo, estaremos prontos a aceitar também as dificuldades da vida, bem como seus deleites.

Aceite a realidade da perda

Uma das coisas que aprendemos nesta jornada é que nada dura para sempre, exceto Deus. Tudo mais, independentemente de quão durável possa parecer, eventualmente acabará. O salmista sabia disso quando disse:

> No princípio firmaste os fundamentos da terra,
> e os céus são obras das tuas mãos.
> Eles perecerão, mas tu permanecerás;
> envelhecerão como vestimentas.
> Como roupas tu os trocarás
>   e serão jogados fora.[6]

Começamos a aprender essa verdade com o primeiro brinquedo que se quebra, e continuamos aprendendo quando nosso tênis favorito acaba ficando velho, quando nosso primeiro carro se quebra peça por peça depois de rodar algumas centenas de milhares de quilômetros, e quando a grande árvore que era nossa amiga desde a infância cai à noite com uma tempestade.

Às vezes não nos importamos que as coisas fiquem usadas e gastas. Quando nossas roupas envelhecem, isso significa que compraremos outras novas. Porém, quando acabo de encher um volume do meu diário, busco ansiosamente o estalido da abertura de um novo. Sempre penso que as coisas que escreverei em um novo volume serão melhores, mais felizes e maiores do que as que escrevi no anterior.

Mas algumas coisas não podem ser substituídas. Quando desaparecem, é para o bem e, se nós gostamos dessas coisas — ou amamos essas pessoas — sentimos a dor da perda. O maior amor que o mundo conheceu — achávamos que duraria para sempre! — por escolha ou por circunstância chega ao fim. Pais, tios e tias que em nossa infância eram maiores que a vida, ficam do tamanho normal quando chegamos à idade adulta e eventualmente tornam-se fracos e os perdemos. Se conseguirmos olhar tão à frente, perceberemos que, em última instância, perderemos nossa beleza, saúde, força, mobília (quando nos aposentarmos e mudarmos para a Flórida) e, finalmente, nossa vida. Se cremos na Bíblia (e eu creio!), até o poderoso universo um dia acabará.

Visto por um ângulo, a vida humana e o crescimento significam perder coisas que consideramos preciosas. Mas, visto por outro ângulo, a vida significa substituir velhas coisas por novas. Quando passo de carro pela casa onde cresci, penso no menino que ali vivia, que deu uma última olhada em seu quarto vazio e saiu para outra cidade, outra casa, outra vida. O padrão encontra-se em toda parte. A inocência da infância é substituída pela compreensão da idade adulta. A beleza da juventude é substituída pela beleza da idade. A vida deste mundo é substituída pela vida do mundo que há de vir.

Por isso, sejamos gratos por termos conhecido todas as coisas que agora estão perdidas. Agradeçamos a Deus, o eterno e brilhante Presente, por nos tê-las emprestado por um momento. Essa foi a única maneira de um dia as termos conhecido.

Viva no momento presente

A realidade da perda nos remete ao momento presente. Se nada é duradouro, se todas as coisas são temporárias, se todas as pessoas que amamos, cedo ou tarde, se perderão de nós (ou nós delas), então devemos amá-las intensamente no momento presente.

Meus primeiros passos no aprendizado dessas coisas foram quando eu estava na faculdade. Certo dia, um dos meus professores de música passou-me um exercício. Eu estava no estúdio dele para uma aula, ou melhor, para uma aula particular. Sentamo-nos junto à janela porque ele não gostava de lâmpadas fluorescentes e nunca as acendia durante o dia. Ele me dizia:

— Ouça. Apague tudo de sua cabeça e apenas ouça. Quero que você se concentre em ouvir tantos sons quanto puder. Vou fazer o mesmo.

No começo eu só ouvia o som de vozes embaixo da sala. Depois vieram outros sons: um passarinho junto à janela, o ruído de um ventilador, risos de crianças distantes. Mas o meu professor ouviu mais, uma datilógrafa no andar de baixo, o leve ruído de nossas cadeiras, o tique-taque do meu relógio. Quando ele os mencionou, eu também pude ouvi-los. Percebi o imenso prazer que dava ouvir essas coisas simples.

Desde aquele dia, repeti o exercício inúmeras vezes e tenho tentado aproveitar tudo o que é possível do momento presente. Uma cotovia canta na pradaria. A luz do entardecer de repente torna-se dourada. Meu filhinho corre em busca do seu planador, levantando os braços para cima, sem pensar nem no passado nem no futuro, somente no planador e na distância que ele pode fazê-lo voar. Minha filhinha anda sobre as folhas, com os cabelos dourados ao sol e as folhas de laranja que ondulam no chão.

A vida é um presente de Deus e é assim que chega até nós. Nós a absorvemos no presente. E, uma vez absorvida, torna-se parte de nós, parte do nosso passado e do nosso futuro:

> Havia um menino que ia e voltava todos os dias,
> E o primeiro objeto que ele viu, nele se tornou,
> E o objeto tornou-se parte dele durante o dia ou parte do dia,
> Ou durante muitos anos ou muitos ciclos de anos.[7]

O futuro pode ser muitas coisas, enquanto o passado pode ser simplesmente o que foi. Somente o presente é flexível e firme ao mesmo tempo. Somente o presente oferece tanto liberdade quanto certeza. Muitas coisas mudaram desde aquele momento de trevas até este momento em que escrevo. Mas uma coisa não mudou: o presente é o único instante em todo o tempo no qual podemos encontrar nosso caminho para a vida, inteireza e alegria. É no presente que a cotovia canta e cantará, e ainda está cantando.

Viva sem respostas

Não é preciso compreender para poder confiar. Os assuntos realmente significantes levam-nos a isso: a busca da fé para compreender.

Pense nisso da seguinte forma. Deus colocou ordem no caos quando criou o mundo. É por isso que existe bondade, beleza, verdade, liberdade e justiça. Nós compreendemos essas coisas. Talvez não examinemos a profundidade delas, mas pelo menos não levantemos problemas insuperáveis de filosofia ou fé.

O mal, por outro lado, é o caos reafirmando-se contra a ordem de Deus. O mal é absurdo, irracional e inexplicável. Aqui não operam a razão e a coerência. Seria um milagre se *pudéssemos* compreender o mal, o que não podemos!

Portanto, nossa tarefa não é obter respostas, mas forçar o avanço da nossa vida *sem* todas as respostas. Nossa tarefa é decidir confiar no passo seguinte. Não conhecemos o futuro. Mas sabemos que estamos nas mãos do Deus que conhece.

Encontre suas palavras

Dezoito meses antes da morte de Elizabeth comecei a escrever um diário, e ainda hoje o escrevo. Se cheguei a ter sucesso em extrair significado de uma vida que, às vezes, tem sido caótica e fragmentada, foi somente porque eu a deixei concreta na forma de palavras no papel. Se você fizer o mesmo, prevejo que você se surpreenderá com o que pode aprender por suas próprias palavras.

Sugiro três regras simples a serem seguidas em sua redação.

Primeira, ninguém pode ler o seu diário, a menos que você o permita. Essa é a mais importante de todas as regras. Somente tendo completa privacidade você poderá ser sincero e transparente.

Segunda, você nunca deve rasgar uma única página do seu diário. Expor um sentimento ou um acontecimento à ameaça de um possível corte é admitir que alguns sentimentos são ilegítimos e alguns eventos nunca deveriam ter acontecido. Não vejo como podemos chegar muito longe se tudo estiver sujeito à negação. Por isso, uma vez escrito, deve permanecer.

Terceira, enquanto estiver escrevendo, todas as regras de gramática, pontuação e ortografia devem ser suspensas. O principal é deixar as palavras fluírem para o papel, quantas for possível, sem minúcias e desgastes, sem se preocupar se estão corretas, adequadas ou de acordo com as normas da linguagem escrita.

Essas regras ajudam o diário a cumprir seu propósito. Na escrita do diário, sem restrição quanto ao que as pessoas possam pensar de nós, e não onerado por padrões externos de propriedade, procuramos dizer a verdade. Quando trabalhamos duro na veracidade, surge uma compreensão entre nós e nosso diário. Podemos dizer-lhe tudo o que pensamos e sentimos. Ele ouvirá e compreenderá cada palavra. Nunca nos julgará ou nos menosprezará pelo que escrevemos. Nunca nos dirá o que deveríamos sentir ou crer. Nunca exigirá que sejamos padrão de virtude ou colunas de força. Permitirá que sejamos fracos e estejamos errados. Deixará sermos crianças de 4 anos, envoltas em nossos próprios braços. O diário nos ajudará a colocar os pensamentos em palavras, e assim saberemos, talvez pela primeira vez, quais são os nossos pensamentos. Fará de nós salmistas que compõem lamentações bem ao estilo do Antigo Testamento, levando nossa raiva e confusão à luz da presença de Deus. No meu caso particular, escrever um diário fez mais: me manteve vivo de uma forma que nunca estive.

Pelo fato de o diário nos compreender e aceitar, podemos avançar e deixar que nossas palavras se apressem sem impedimento sobre a página. A espontaneidade e a liberdade são tudo. Não estamos tentando escrever literatura ou ensaios para que nossos amigos leiam. Estamos tentando ir sempre mais fundo em nosso mundo de sentimento e experiência até que, bem no fundo, cheguemos ao nosso momento decisivo de transição.

Se trabalharmos duro mantendo um diário verdadeiro e sincero, veremos muito lixo vindo à tona. Dependendo do humor no momento e do compromisso em escrever sinceramente o que estiver dentro de nós, podemos descobrir que as primeiras palavras que surgem são de rancor, enfado, frustração e tédio. Isso também é bom, porque precisamos de um lugar para colocá-las. Precisamos retirá-las e nos livrar delas. Escrevê-las é uma forma de torná-las concretas, para que possamos expeli-las.

Debaixo das palavras simples está aquele lugar onde encontrei quaisquer palavras que existem. Nem tudo é terrível em nossos diários. E. B. White, que mantém um diário há muito tempo, disse que eles eram "cheios de lixo", mas conseguiam, de vez em quando, "relatar algo com meticulosa precisão e honestidade".[8] Nós também precisamos disso e, provavelmente, vamos descobrir que a sinceridade e a precisão jazem sob um mar de palavras pobres, que são as primeiras a cair. Descobri que, às vezes, ao final de uma sessão de redação, quando sinto que só posso escrever um pouco mais antes de ficar completamente exausto, vêm palavras que eu não sabia que existiam e aparece algo honesto. A honestidade é a principal virtude na redação de um diário. A precisão é secundária. Por favor, seja honesto acima de tudo! Podemos ser precisos mesmo que a honestidade nunca tenha entrado em nossa mente. Mas se estamos sendo honestos, falando a verdade, com bom gosto e de forma agradável e com detalhes, conseguimos algo mais difícil e muito mais importante do que a simples exatidão. Movimentar palavras simples sempre desvenda palavras ocultas — e vale a pena conseguir isso.

Conceda a você mesmo o tempo que precisa

Em meus dias sombrios, alguém me disse:

— Muitos amigos seus não se darão conta do tempo que levará. Mas você deve dar-se o tempo que precisar.

Voltei a pensar nisso repetidas vezes. Isso me acalmava quando eu estava impaciente e me ajudava a respeitar o meu próprio ritmo.

O seu ritmo pode se diferente do meu. O meu é um tanto lento. Gosto de assistir ao beisebol porque as partidas nas quais algo de fato acontece são raras, e eu preciso de tempo para refletir sobre a beleza e a elegância do jogo. Mas não gosto de assistir ao hóquei sobre o gelo. É rápido e frenético demais; não me dá tempo para pensar. Quando a vida puder ser mais semelhante ao meu próprio estilo, será mais parecida com o beisebol.

Um de seus desafios será manter um ritmo ajustado a você, nem muito rápido, nem tão lento. Permita-se desenvolver, mudar e desdobrar-se de uma forma que você sinta ser natural, enquanto percebe que você sentirá alguns momentos de crescimento como se fossem saltos terríveis para o risco e perigo.

Esteja alerta às oportunidades de crescimento

As oportunidades de crescimento são uma entre duas coisas. Às vezes são momentos de volta, nos quais sentimos que chegamos a um minúsculo ponto dentro de nós mesmos que se abre, repentinamente, para algo infinitamente maior. Quero dizer, nós encontramos Deus. Mergulhamos no precipício vertiginoso da nossa própria limitação e nos encontramos caídos em sua presença. Em outros momentos, as oportunidades de crescimento são momentos de revelação, nos quais sentimos que algo em que acreditávamos antes se dissolveu e foi substituído por algo maior e melhor. Ou seja, encontramos a Deus de outra forma e ouvimos mais claramente o que ele nos diz.

Penso que todas as oportunidades de crescimento estão ao nosso redor. Podemos agarrar aquelas que precisamos e aquelas para as quais estamos prontos. Cada uma nos vem como um presente. Não me ocorre uma maneira de forçá-las a vir. Nossa tarefa é manter uma atitude de prontidão, o que podemos fazer por meio da oração, da leitura da Bíblia, do louvor e do trabalho. E quando chega o momento, dar o mergulho do agora-ou-nunca, descrito por Robert Louis Stevenson: o arremesso de alguém "com aquele tipo de raiva do desespero que às vezes me colocava em posição de coragem".[9]

Aprenda a ser egoísta no sentido certo

Era início de janeiro, apenas uma semana depois que Elizabeth morreu. As convenções sociais estavam diante de nós e a última tigela de salada de batatas estava congelando no fundo do refrigerador. As emoções ainda estavam à flor da pele e o mundo ainda não se organizara novamente. Percebi que três pessoas olhavam para mim à procura do que precisavam. Duas eram Stephanie e John; eu mesmo era a terceira. Quando as crianças precisavam de comida, banho, diversão e atenção, cabia a mim dar-lhes isso. Quando eu precisava de descanso, exercício e trabalho significativo, também cabia a mim. Sempre fora assim, claro, mas agora esse fato estava em total relevo. Quando preciso de comida quente, eu a preparo; quando preciso de música, eu a toco; quando preciso de descanso, ponho-me na cama.

Tenho chamado a isso de "aprender a ser egoísta", mas não é de fato isso. É apenas tornar-se sensível à necessidade de alguém e, quando esse alguém é pai de crianças pequenas, sensível também às necessidades delas.

A maioria de nós consegue suprir-se do que a vida biológica exige: alimento, descanso e banho. Mas pode ser mais difícil suprir-nos daquilo que a vida interior exige: solidão, reflexão e devoção. Para mim, é mais fácil lavar meias do que escrever meu diário, trocar os móveis de um lugar para outro do que sentar-me quieto e apaziguar meu interior. Talvez eu tenha sido ensinado que é importante ser produtivo, mas não que o silêncio e a solidão também são produtivos. Eles produzem a vida interior, sem a qual somos apenas estômago com pernas.

Dê um pouco de solidão a si mesmo

Ficar só durante o tempo certo e da forma certa é chamado de solidão. Solidão é o descanso sabático do espírito. É um tempo de folga dos negócios. A virtude da solidão é que ela nos dá ocasião para descansar, refletir, orar e ver o significado em nossa vida.

Sim, essa é a sua virtude e esse é também o principal a motivo de ela ser tão difícil para nós. O alívio dos negócios nem sempre é sentido como alívio. Às vezes parece um tormento. A oportunidade para refletir é, às vezes, exatamente o que mais queremos evitar. Porque à medida que reduzimos os ruídos externos, os pensamentos internos tornam-se audíveis e precisamos enfrentar exatamente as coisas das quais queremos escapar. Uma pessoa despojada dirá, alegremente e de queixo erguido: "Bem, eu estou sempre ocupada!". Ouço isso o tempo todo. Temo que isso signifique: "estou afundando meus sentidos com atividades, som e distração. É doloroso suportar a paz e o sossego".

O problema em "manter-se ocupado" é que isso pode impedir-nos de fazer exatamente aquilo que mais precisamos. Quando minha vida interior está em desordem, o que ela certamente mais precisa é de atenção. O caos precisa ser ordenado, pelo menos uma ordem aceitável; o pandemônio precisa ser tranqüilizado da melhor forma que eu puder lidar com ele. Mas quando me retiro para um lugar sossegado sem nenhum livro ou rádio, lá estou eu, sozinho com a lembrança infeliz que vem novamente, com a fraqueza na qual prefiro não pensar, o temor de que o futuro não seja melhor do que o passado e o ressentimento de não ter tido solidão suficiente! Não é de admirar que preferimos nos manter ocupados. Não é de admirar que passemos pela nossa vida interior rapidamente para chegar às distrações.

Mas as distrações não funcionam de forma consistente. Acho que quando meu eu interior precisar de solidão, ele o terá de uma ou de outra forma. Quando estou com um grupo de amigos, posso interromper a conversa enquanto minha mente vagueia para pensamentos distantes. Quando brinco com as crianças, posso estar empurrando o balanço enquanto meu eu interior perambula a milhares de quilômetros de distância. Stephanie nunca deixava isso passar despercebido. Eu sabia que tinha sido tomado pela solidão quando, como que saindo de uma neblina, eu a ouvia dizer: "Acorda papai! Acorda papai!"

Quando somos esmagados por uma terrível emoção, devemos sentir o que há para sentir, e depois sair dela. Se sairmos sem senti-la, ela nos seguirá quando deveria ter ficado para trás. Sentimentos não experimentados e lágrimas não vertidas cedo ou tarde causarão problemas. Melhor vivê-los agora do que acumulá-los e depois se esforçar para evitar pensar neles. Mas novamente, as distrações não funcionam realmente e meus filhos também não planejavam isso. Eu sabia que estava vivendo com uma tristeza não resolvida quando Stephanie erguia os cantos de minha boca com os dedos e dizia:

— Papai, sorria! Não quero viver com um pai triste.

Na vida do espírito, a solidão também é o lugar onde conversamos com Deus. "Mas quando você orar", disse Jesus, "vá para o seu quarto, feche a porta e ore a seu Pai, que está em secreto".[10] Na solidão e em secreto falamos nossas orações somente a Deus, e ali, em nosso lugar particular, ele nos encontra.

Vi, por acaso, nestes anos a seguinte oração de Rabi'a de Basra:

> Oh, meu Senhor, as estrelas estão brilhando e os olhos dos homens estão fechados; os reis fecharam suas portas, cada amante está sozinho com sua amada, e eu estou aqui, sozinha contigo. Oh, meu Senhor, se eu o adoro pelo medo do inferno, queima-me no inferno; se eu o adoro na esperança do paraíso, exclui-me, por isso. Mas se eu adoro a ti pelo que és, então não retires de mim tua eterna beleza.[11]

Eu poderia fazer minhas essas palavras. Eis a oração de uma mulher que, como eu, orou na solidão da noite e teve comunhão com Deus, como eu aspirei ter, pelo que Deus é.

Quando passei a conceder à minha vida interior a solidão que ela precisava, aprendi que o nosso lugar de contentamento, serenidade e alegria está no fundo de nós mesmos. Aprendi que a serenidade não depende de nada exterior, a tranqüilidade e a paz devem ser vistas dentro. Falando francamente, nada e ninguém *de fora* pode fazê-lo feliz. Aprendi também que o nosso conhecimento de Deus acontece nesse ponto interior de incerteza. Ele se *manifesta* na tempestade, no partir do pão, na Escritura, mas é *conhecido* no íntimo de nossa alma.

Permita-se ter companhia

Estar junto durante o tempo certo e da forma certa é chamado de companheirismo. Como a solidão, é um grande bem. A virtude do companheirismo é que ele nos fornece o contexto que precisamos para desempenhar nosso papel no drama humano. Ele nos cria oportunidade de dar e receber o carinho ao qual C. S. Lewis creditou "nove décimos de qualquer felicidade sólida e duradoura que existe em nossa vida natural".[12] Ele nos dá oportunidade para trabalharmos juntos em favor de relacionamentos corretos entre as pessoas, o que a Bíblia chama de justiça e que é uma das marcas do reino de Deus.

Muitas expressões da vida humana só podem ser praticadas na companhia de outros: jogar beisebol, correr de mãos dadas em um gramado, falar sobre coisas que importam, fazer um ao outro rir, fazer amor. Não há como fazer essas coisas sozinho. As pessoas ao nosso lado são o contexto necessário para expressarmos nossa plena humanidade. Precisamos ter outra pessoa se quisermos jogar damas, beisebol, conversar ou dançar. Nossa vida humana seria empobrecida além do suportável se não fosse pela companhia das pessoas a quem amamos e que nos amam.

A maioria de nós faz distinção entre conhecidos e amigos, e uma distinção adicional entre amigos e melhores amigos. Os melhores amigos são poucos ou somente um. Acredito que ter um melhor amigo nos torna mais plenamente humanos do que tudo mais que este mundo pode oferecer.

"Um amigo", disse Aristóteles, "é um outro *você*".[a] Ele queria dizer que a amizade é a expressão, em relação a outra pessoa, dos sentimentos que um homem bom deve também sentir por si mesmo: o obstinado desejo pelo bem; o anseio que a outra pessoa não somente seja preservada, mas que o seja assim como ele é; o prazer da conversa (porque existem recordações agradáveis, esperanças legítimas e assuntos que não se esgotam); e a participação na alegria e na tristeza concedida sem restrição.

Uma idéia semelhante recebe uma expressão excêntrica em um conto encontrado no *Simpósio*, de Platão.[b] Há muito tempo, as pessoas estavam amarradas umas às outras aos pares, formando uma espécie de pessoa binária. Essas pessoas binárias eram felizes, porque nunca se sentiam sozinhas no mundo. Mas aconteceu uma grande tragédia. Com medo, os deuses

---

[a] *Nicomachean Ethics* 9.4. "Outro você" é como diríamos informalmente hoje. *Allos autos* de Aristóteles, "outro ego" foi traduzido para o latim como *alter ego*, e essa expressão é encontrada no inglês escrito com o significado de "amigo confiável". A discussão de Aristóteles a respeito da amizade pode ser lida em J. A. K. Thomson, *The Ethics of Aristotle: The Nicomachean Ethics Translated* (London: George Allen & Unwin, 1953), 239-41.

[b] Encontra-se no discurso de Aristófanes, *Simpósio* 189C-192E, traduzido por W. R. M. Lamb, Loeb Classical Library (Cambridge: Harvard University Press, 1925), 133-45. Pesquisando-se, descobre-se que Aristófanes carrega a história com possibilidades eróticas junto com antigos traços helênicos. Mas, como ele mesmo reconhece, o erotismo não é essencial à história: "Ninguém", ele diz, "podia imaginar [...] que só isso poderia ser a razão por que cada um se regozija na companhia do outro" (p.143).

separaram as pessoas binárias. Muitas delas nunca mais encontraram sua outra parte. Mas algumas conseguiram, e quando isso aconteceu, a felicidade delas foi indescritível. Elas reconheciam quando os desejos do seu coração se fundiam e formavam uma unidade novamente, e assim podiam sempre viver, e até morrer, juntas.

Isso é encontrar um amigo que é outro você. Quando esses amigos falam, as idéias fluem nos dois sentidos e são compreendidas exatamente da forma que significam. A conversa entre tais amigos pode continuar indefinidamente, porque eles estão sempre dizendo, de maneiras diferentes: "Fale-me mais; fale-me sempre mais". Eles dão mais e mais de si e recebem cada vez mais do outro. Tudo é bem-vindo, mesmo nos cantos mais desprotegidos do coração, porque entre eles não há vergonha nem culpa. Cada um está seguro, pois eles nunca fazem mal um ao outro voluntariamente. Nunca mais estarão separados, pois agora se uniram novamente após eras de ausência e confusão. É desse jeito que alguém se *sente* ao encontrar tal amigo: ir ao interior do outro e permitir que o outro entre no seu; convidar e ser convidado; permitir e ser permitido; dar e receber; compreender e ser compreendido; conhecer e ser conhecido; e, finalmente, depois de muito, muito tempo, ser *um* com outra pessoa como era em um momento antes do tempo, antes da memória, antes que a desordem e a confusão violassem o mundo.

Eu gostaria de poder garantir que um amigo como esse é facilmente encontrado. Infelizmente não posso. Todavia, podemos estar atentos e prontos para receber um amigo desses se Deus, em sua misericórdia, enviar-nos. Podemos estar prontos para compartilhar nossa mente e ouvir enquanto nosso amigo compartilha a sua. Podemos derramar honestidade, veracidade e a coragem exigida por nossa amizade. Quando você desenvolver tal amizade, apegue-se ao seu amigo com lealdade obstinada. Nenhum tesouro da Terra será mais valioso.

Criar tal amizade suprirá duas necessidades de uma só vez: solidão e sociedade. Você pode estar na companhia do seu amigo sem perder sua solidão. Parece absurdo dizer isso, mas estar com seu amigo é tão bom quanto estar só. Ao mesmo tempo, seu amigo o libertará para ser você mesmo na companhia humana. Quando isso acontecer, você descobrirá que está se enobrecendo. Seu amigo nunca lhe pedirá para ser melhor do que você é, mas você descobrirá que, pelo fato de ter um amigo, é melhor do que era.

Encontrar um melhor amigo é semelhante a encontrar Deus. Na melhor amizade, você descobre algo fora de si mesmo que é maior do que você (os amigos e os amantes descobrem isso instintivamente) e isso tem profunda importância e significado. A amizade, em seu melhor aspecto, o ajudará a conhecer quem é o seu Outro Ego definitivo e o seu melhor Amigo.

Confie no Deus confiável

Não sei qual tem sido a sua experiência com Deus. Em algum momento, a maior parte de nós perscruta a extremidade do universo molecular e sente que não existe nada lá, que estamos sozinhos, que nossas orações são cartas enviadas para endereços que não existem.

Talvez essa tenha sido também a sua experiência. Entretanto, creio que a maioria de nós, a maior parte do tempo, admite pelo menos que existe um Algo-ou-seja-lá-o-que-for, além do universo molecular e que a vida em sua melhor forma procurará participar não somente da realidade física, mas também da vida do Algo-ou-seja-lá-o-que-for.

Quando eu digo que esse Algo é digno de nossa confiança, estou falando no nível mais básico da fé. De fato, dizer que Deus é confiável é o que posso dizer de mais importante a respeito dele. Se há momentos em que essa é a única crença que você pode ter — assim como aconteceu comigo — ela será suficiente. Tempos melhores virão quando você ver mais dele, ou quando ele revelar-se mais a você.

Acredito que a completude humana não pode ser obtida sem o trabalho de Deus, que acerta nossa posição com ele e com nossos semelhantes. Deus desceu em fraqueza, servidão e morte na pessoa de Jesus Cristo, que seguiu o caminho da cruz e, além da cruz, ressuscitou na vida que só Deus dá. Nós nos tornamos participantes dessa história — a história completamente verdadeira — quando colocamos de lado nossa autoconfiança e pomos nossa segurança no Deus confiável. Ou seja, o perfil da nossa vida cristã é uma descida do orgulho e da vontade própria para a auto-negação, arrependimento e obediência. Essa descida da nossa parte tem a contrapartida da parte de Deus pela ascensão à nova vida do Espírito, quando ele nos perdoa, nos capacita e nos coloca para trabalhar na igreja. O movimento de descida e subida ganha uma forma litúrgica no batismo, como mostra o apóstolo Paulo, porque o velho eu é crucificado e enterrado e o novo ressurge e recebe vida.[13] Um novo contexto de confiança e reconciliação é, assim, criado pelo poder da História Verdadeira. Em companhia de outros que fizeram dessa história a sua própria, começamos a crescer em direção à genuína humanidade e completude.

Nós *começamos* a crescer, é preciso compreender; *começamos* a tornar nossa a História Verdadeira. Toda vida e fé na era presente é apenas o começo. Na verdade alguns dias sentimos como se nada tivesse mudado. Apesar de renovados pelo Espírito de Deus, ainda temos de enfrentar tudo: lágrimas e risos, sofrimento e prazer, morte e vida. Vamos conduzir nossa vida temporal sempre no ponto intermediário entre o céu e a terra, entre a promessa e o cumprimento, entre esta era e a era vindoura. Viveremos no mundo, mas não seremos do mundo.[14] Não nos afligiremos menos que os outros, mas agora nos afligiremos com esperança.[15] Ainda sofreremos "[...] assim como os sofrimentos de Cristo transbordam sobre nós", mas agora conheceremos a Deus como "Pai das misericórdias e Deus de toda consolação".[16] E saberemos que em todos os momentos de nossa vida, nos movimentos descendentes para a tristeza, bem como nos movimentos ascendentes para a alegria, vivemos na presença do Deus que é Senhor tanto da tristeza quanto da alegria.

Epílogo

O VENTO QUE DESTRÓI E RESTAURA

> A mente entra em si mesma, e Deus na mente,
> E um se torna Um, livre no vento cortante.
>
> THEODORE ROETHKE, "In a Dark Time"
> [Em tempos de escuridão]

Temos uma coleção de conchas em casa. Elizabeth a juntou para um projeto escolar quando estava na oitava série. São quarenta e nove tipos de conchas, — *Phyllonotus pomum, Argopecten gibbus, Anomia simplex, Diodora cayenensis,* Laevicardium crassum, Cerastoderma edule, entre outras — cuidadosamente coladas, enfileiradas e etiquetadas com os nomes comuns e científicos.

Quando olho para aquelas conchas, penso no tempo do vento gelado e das densas trevas no qual compreendi que Deus estava perto e que ele estende a mão não para ferir, mas para curar.

Nossa família fez uma viagem no final do último verão de Elizabeth. Antes que a oportunidade se perdesse para sempre, ela quis que viajássemos à praia de carro com as crianças para catar conchas.

Dividimos a viagem em dois meio-dias. Na sexta-feira à tarde dirigimos através de um tempo agradável, mas a manhã de sábado foi feia. Nuvens cinza se amontoaram no sul e trouxeram chuva. Ficamos calados enquanto entrávamos pelas nuvens espessas e pela escuridão. Os limpadores de pára-brisa não conseguiam dar conta da chuva.

Encontramos um quarto de motel à beira da praia, do outro lado da rua. Podíamos ver a areia da janela no andar superior. Mas o tempo tornara-se violento quase a ponto de assustar. A chuva caía em camadas e o vento soprava com força contra nós e dirigia a chuva ao nosso rosto. Ficamos dentro de casa toda aquela tarde e à noite e fomos dormir com a esperança de que a manhã fosse boa.

Elizabeth acordou-me no meio da noite.

— Quando o vento sopra — ela disse — sinto a cama balançar.

Os raios mostravam árvores curvando-se e a vegetação costeira chicoteando o chão com violência. O som do trovão, do vento e da chuva era ensurdecedor.

Liguei a televisão. Os canais estavam fora do ar. Olhei para fora da janela. Só um veículo solitário passou pela rua. Encontrei os sapatos com meus pés descalços e procurei minha camisa.

— Vou descer e ouvir o rádio do carro — eu disse.

Cego pelo vento, pela chuva e pela escuridão, desci com cuidado as escadarias de madeira. O corrimão tremia em minhas mãos. A chuva escorria pelo meu colarinho e minha camisa molhada grudava horrivelmente à minha pele. Abaixei-me e corri até o carro, xingando minhas mãos enquanto elas, desajeitadamente, acionavam a chave. Abri a porta com um puxão e me arremessei para dentro. O carro tremia com o vento.

Nenhuma estação AM no ar. Sete ou oito estações FM penetraram na tempestade com música popular, música da Nova Era ou Alexander Scourby lendo o livro de Gênesis, a parte sobre a luta de Jacó com o homem durante toda a noite. Ouvi até o momento em que o locutor disse que uma tempestade tropical tinha seu centro a cem quilômetros ao sul da baía de St. Louis e a expectativa era de que não fosse embora nas próximas vinte e quatro horas.

O tempo não ia melhorar. Não amanhã, não no dia seguinte.

Decidimos voltar para casa assim que amanhecesse. Talvez pudéssemos passar à frente da tempestade, pelo menos parte do nosso caminho.

Amanheceu. Tomamos o café da manhã e acordamos as crianças. Enquanto eu punha as coisas no carro, os outros esperavam no andar superior. Depois eles desceram pela escada que tremia, segurando no corrimão e uns nos outros por causa do vento.

Olhei para Elizabeth e percebi que, para ela, esta era uma despedida.

— Vire à direita — disse ela. — Vamos passar pela praia para uma última olhada.

Dirigimos vagarosamente no vento que esbofeteava, passamos por terrenos vazios cobertos de vegetação costeira e por casas de praia abandonadas. O vento fazia o carro tremer e dar guinadas. Ondas pesadas chocavam-se contra a praia.

— A tempestade deve estar levando muitas conchas — disse Elizabeth.

Fomos até o fim da rua e até a última casa abandonada na praia. Encostei o carro e ficamos sentados em silêncio durante um momento. Eu encostado ao volante, olhando para o golfo e para a tempestade. Ela também olhava e as crianças se inclinavam para frente para observar o baque das ondas contra a areia.

Elizabeth falou calmamente:

— Vamos sair e procurar conchas.

Quatro anos atrás, nunca teríamos sonhado em fazer aquilo. Agora sabíamos que era a única coisa sensata. Era para isso que tínhamos vindo. Fui um pouco mais adiante, estacionei o carro e nós quatro andamos a passos largos no vento em direção à praia.

A tempestade trouxera muitas conchas para terra firme. Mas estavam todas quebradas. A parte íngreme da praia estava forrada de minúsculos fragmentos de conchas cor-de-rosa, laranja e marrom.

Elizabeth inclinou-se, ajuntou alguns fragmentos e escolheu-os na palma da mão:

— Esta parece uma concha da lua — disse ela — e eu acho que este é um pedaço de uma calico scallop [*Argopectem gibbus*].

Ela e as crianças cataram pedaços de conchas durante um momento, escolheram um punhado de pequenas coisas quebradas, olharam para o vento, sentiram calafrio e começaram a voltar vagarosamente para o carro.

Fui até o fim da praia sozinho. Ondas explodiam aos meus pés, levantando grandes flocos de espuma que o vento fazia em pedaços e lançava ao longo da praia mais depressa do que meus olhos podiam acompanhar. O vento batia em minha roupa e levava a chuva através das ondas e em meu rosto. A chuva parecia sólida e picava como se fossem pedaços de vidro.

Fiquei naquele lugar durante longos minutos. Apoiei-me no vento, senti a chuva, vi as ondas, ouvi o trovejar das águas e o uivar da tempestade. Fui tragado pelo poder da tempestade, senti seu poder entrar em mim e quis entrar nela, também, para ficar lá para sempre e sentir sua força.

Olhei para trás e vi que os outros tinham chegado ao carro e estavam gritando em busca de coragem mútua enquanto lutavam para entrar.

Voltei-me para olhar o mar mais uma vez. Depois virei-me e comecei a andar, e o vento em minhas costas me pôs em movimento.

Pontos a ponderar

QUESTÕES PARA REFLEXÃO E DISCUSSÃO
Capítulo 1
O encontro entre passado e futuro: Compreendendo nossa história

1. Olhe para o resumo amplo da sua vida. Sua história, tal como a de Jacó, contém um tempo de crise seguido de um tempo no qual a sua vida é (ou será) significativamente mudada? Em que ela é diferente antes e depois da crise? Que oportunidades de crescimento e de serviço para o benefício dos outros você pode encontrar nessas mudanças?

2. Compare e contraste as diferenças entre as duas orações de Jacó em Gênesis 28.20-22 e Gênesis 32.9-12. Depois compare-as com suas próprias orações. O que você aprende sobre sua vida de oração ao fazer essa comparação?

3. Que experiências de vida você poderia citar que tendem a afirmar as aspirações humanas e a crença de que as melhores coisas pelas quais nos esforçamos são nobres, bonitas e boas? Que experiências tendem a negar a dignidade e a importância dos valores humanos? Quais você sente que exigem atenção mais imediata?

4. Sören Kierkegaard observou em seu diário que a vida só pode ser compreendida retroativamente, mas deve ser vivida com vistas ao futuro. Que eventos significativos em sua vida você

compreendeu com maior clareza depois que o tempo lhe deu a perspectiva sobre o seu passado?

Capítulo 2

No momento decisivo de transição: Encontrando a luz nas trevas

1. Quando eu me preparava para mudar com meus filhos para uma nova cidade e uma nova vida, um amigo me disse para fazer duas listas: "Em uma, liste todas as coisas que você irá esquecer. Em outra, as que você não deverá esquecer. É certo tanto esquecer algumas como não esquecer outras". Pense em um momento de mudança em sua vida e cite as coisas que você esqueceu e as que não esqueceu.

2. Todo momento de transição pode oferecer oportunidades tanto para o sentimento de perda pelo que passou, quanto de expectativa pelo que está por vir. Você pode sentir tristeza e expectativa em vários graus quando se muda de um antigo escritório para um novo, muda de emprego ou de carreira, manda seu filho para a escola, muda de relacionamentos familiares por meio do casamento ou do divórcio, ou sofre a perda de alguém que ama. Se você está nesse processo de transição, de que forma sente a perda pelo que passou? De que forma se preocupa com o futuro?

3. Pense em um evento doloroso em sua vida. Não em um evento recente, mas algum acontecido há bastante tempo e do qual você sinta um certo distanciamento emocional. Você é capaz de pensar em coisas boas decorrentes desse acontecimento? Elas renovaram a esperança? Aumentaram a fé? Melhoraram a bondade, a humildade e a ternura? Você acha que surgiram coisas boas como resultado do evento doloroso, ou simplesmente foram conseqüência?

Capítulo 3

Na sombra da morte: A vida e a morte nos Salmos

1. Minha irmã Jo admira o povo francês por sua qualidade de vida. Ela diz: "É como se cada um levantasse de manhã e perguntasse: 'Que coisa prazerosa devo fazer hoje?' " De que forma você experimenta e usufrui regularmente as coisas simples e prazerosas que Deus provê a cada dia?

2. Miguel Ruiz, em seu livro *The Four Agreements* (Os quatro compromissos), diz que só o prazer de respirar basta para sermos sempre felizes. Exatamente agora, neste exato momento, que coisa boa você pode encontrar para apreciar e desfrutar?

3. Em momentos de tristeza e aflição, você acha possível louvar a Deus apesar de tudo? Quando você não encontra essa possibilidade dentro de você mesmo, como dar a si mesmo o encorajamento de outros que podem louvar a Deus, mesmo em momentos de dificuldade?

Capítulo 4

A decisão pelo louvor: Salmos de raiva e pavor

1. Os sete salmos penitenciais são: 6, 32, 38, 51, 102, 130 e 143. Ao ler esses salmos, observe como eles retratam o completo realismo da situação do salmista. Quais trechos desses salmos você pode tomar emprestados e usar para expressar seus próprios sentimentos?

2. Em tempos de dificuldade e preocupação, de que forma você sente a realidade e a proximidade de Deus aumentar em você? Ou de que forma você sente essa realidade ficando mais fraca e menos significativa?

3. Às vezes, em meus momentos de trevas, fui ao culto não para expressar minha própria fé (que estava geralmente fraca e sufocada), mas porque sabia que na igreja eu podia, pelo menos, ouvir a convicção dos outros. Quando sua própria fé está enfraquecendo, que passos você dá para encontrar esperança e encorajamento na convicção de outros?

Capítulo 5

Contra o vento: A convicção de Jó

1. Cite um momento em que você sentiu a tristeza do sobrevivente ou sentiu pena da tristeza dos outros. Você acha que Deus sente tristeza semelhante? Que convicções você tem a respeito de Deus que fazem com que você se incline a responder?
2. Pense no relacionamento de confiança mútua que existe entre você e Deus. Quais são as condições desse relacionamento? O que Deus confia a você realizar? O que você confia que Deus faz?
3. No relacionamento de confiança entre você e Deus, quem assume o maior risco? Por quê?

Capítulo 6

O desvendar da razão: Jó e Deus no redemoinho

1. John G. Stackhouse Jr., em seu livro *Can God Be Trusted?* [Deus é digno de confiança?], propõe a seguinte idéia. Suponha que a pessoa de quem você está noivo(a) pareça sincera e confiável, mas de vez em quando sai da cidade durante alguns dias e não diz por quê. Em que você se baseia para decidir se confia nela para se casar? Imagine agora uma situa-

ção semelhante com Deus. De várias formas, ele parece benevolente e justo, mas algumas coisas ele não explicará. Baseado em que você decide se confiará nele ou não?

2. Em quais acontecimentos da vida você foi forçado, por circunstâncias imediatas, a decidir se Deus foi bom, justo ou confiável? Como você decidiu?

Capítulo 7

O Deus das densas trevas: A convicção de Jesus no Getsêmani e na cruz

1. No capítulo anterior surgiu a questão sobre confiar em Deus mesmo em circunstâncias nas quais a confiabilidade dele parecia estar em jogo. Como a ressurreição de Cristo contribui para sua decisão sobre o assunto?
2. Como foi respondida a oração de Jesus no Getsêmani? Em que ela não foi respondida? Em que essa oração pode ser um modelo para a sua própria oração? Para a sua própria decisão quanto a confiar?
3. O chamado para seguir a Jesus é um chamado para segui-lo com nossas próprias cruzes e também para compartilhar de sua vida ressurreta. Que aspectos da sua vida de fé podem ser descritos como de acordo com a cruz?

Capítulo 8

O futuro de esperança: A fé e a ressurreição de Jesus

1. A História Verdadeira é um descer (à humildade, obediência, serviço, abnegação ou morte) e um subir (à proximidade de Deus, fé, redenção ou vida de Deus). Quais momentos em sua vida você pode considerar como pequenas cópias da História Verdadeira?

2. Quais sentimentos têm sido mais angustiantes em tempos de dificuldade e preocupação? Que elementos do evangelho de Cristo criam possibilidade de esperança nesses momentos?

3. Quando esperamos, confiamos que algo fora do nosso controle produza alguma coisa boa. É fácil ver que a confiança em algo em particular pode ser inútil, ou pode ser válida. Por exemplo, confiar que uma doença terminal simplesmente deixe de existir é um ato de desespero, não se pode confiar que isso aconteça. Mas confiar que Deus produza algo bom mesmo de uma doença terminal é uma esperança válida, *pode-se* confiar que ele faça isso. Que esperança você tem, ou teve, envolvendo Deus? O que dá apoio à sua fé no fato de que se pode confiar em Deus com relação a essas coisas?

Capítulo 9

Encontrando o caminho: Pensamentos para a jornada

1. Leia Eclesiastes 3.1-8, o trecho que a NVI intitula de "Há tempo para tudo". Pense em cada coisa mencionada nessa passagem e identifique as que você experimentou no último ano. Você experimentou ambos os itens de algum par? Por exemplo, você foi tocado tanto pelo nascimento quanto pela morte? Você chorou e riu? Como a presença de tais "mistura de pares" afetaram sua participação no alcance total da experiência humana?

2. Durante o restante deste dia, faça um esforço consciente para considerar o doce e o amargo em sua vida como elementos naturais da existência humana. Se o amargo resulta de coisas que você pode mudar, tome providências para mudá-las. Caso contrário, aceite-as como parte do ser humano.

3. A perda é uma das realidades da vida. Pense em algo que você tenha perdido e lhe era precioso. Apesar de ser verdade que algumas coisas jamais podem ser substituídas, pense em termos do seguinte princípio: quando Deus fecha uma porta, abre uma janela. Que coisa nova aconteceu em sua vida depois da perda da antiga?

PASSOS PARA A AÇÃO
Avançar com o Deus confiável

1. Faça uma pausa neste momento e encontre uma coisa específica ao seu redor para celebrar como sinal da bondade de Deus.
2. Neste dia, decida com firmeza e coragem fundamentar sua vida no que você conhece do poder de Deus, não no que não conhece e não pode saber a respeito da presença do mal.
3. Comece um diário como sugerido na seção "Encontre suas palavras", no capítulo 9. Entre você e Deus, desenvolva a franqueza e a confiabilidade a respeito de sua vida, emoções e fé.
4. Faça uma lista de tarefas para hoje. Identifique o que faz você sentir-se pronto ou não a executar as coisas dessa lista. Decida se esses sentimentos são adequados, se o ajudam a viver corajosa ou timidamente, se estão baseados na fé ou no medo. Tome providências para colocar sua disponibilidade e indisponibilidade em um ritmo que o capacite a andar melhor com Deus.
5. Reflita sobre algum assunto que esteja confrontando você no momento, algo que você entende como um teste ou um desafio, algo que você não aceita alegremente. Decida se isso pode tornar-se uma oportunidade para crescimento e um

meio de aproximar-se mais da santidade. Isso o ajudará a decidir se deve aceitar.

6. Olhe para as coisas que você faz para outras pessoas, bem como para as que você faz a você mesmo. Avalie sua motivação em cada caso. Faça uma avaliação honesta: é verdadeiramente desinteressada? É de fato egoísta? Faça as mudanças adequadas.

7. Dê a você mesmo, durante a próxima semana, oportunidades tanto para estar a sós com Deus quanto para estar com outras pessoas. Se você sentir desconforto em qualquer delas, pense em como você poderia agir para superar sua relutância.

8. Coloque-se nas mãos do Deus que é digno de confiança por meio da obediência ao evangelho e desperte cada manhã com o pensamento: "Outro dia para seguir na trilha daquele que sempre vai à frente!"

Notas bibliográficas

Prefácio: O meu fim no meu princípio
[1]Salmo 78.39.
[2]Salmo 103.16.
[3]João 3.8.

Capítulo 1: O encontro entre passado e futuro
[1]Veja a narrativa mais detalhada sobre Jacó em Gênesis 25.19-35.29. A história da luta de Jacó durante a noite encontra-se em Gênesis 32.24-29.
[2]Gênesis 28.20-22.
[3]Gênesis 32.9-10.
[4]THOREAU, Henry David, *The Journal of Henry D. Thoreau*, ed. Bradford Torrey e Francis H. Allan, vol. 2. New York: Dover, 1962, 1:1457.
[5]BORGES, Jorge Luis, *The Garden of Forking Paths* (1941), em Labirynths: Selected Stories and Others Writtings, ed. Donald A. Yates and James Irby. New York: New Directions, 1964, p. 28. [*O jardim dos caminhos que se bifurcam*, em *Ficções*, Globo Editora, 2001].

Capítulo 2: No momento decisivo de transição
[1]Salmos 142.6.
[2]Salmos 40.11a—12.
[3]Salmos 41.3.
[4]Salmos 139.14.
[5]Salmos 38.6-8.
[6]Jó 3.20,21.

[7] Jó 7.4.
[8] Jó 7.16.
[9] Jó 1.21.
[10] 2Coríntios 1.3-5
[11] 1Pedro 5.10.

Capítulo 3: Na sombra da morte

[1] Salmos 139.14.
[2] Salmos 6.5; 115.17.
[3] Pouco sabemos além do que é apresentado em 1Coríntios 15.35-58.
[4] V. Salmos 39.13.
[5] Salmos 34.12.
[6] Salmos 91.16.
[7] Salmos 55.23.
[8] Salmos 89.47.
[9] Salmos 103.15,16.
[10] *Epic of Gilgamesh* [A Epopéia de Gilgamesh], versão assíria, tábua 10, 6, in *Ancient Near Eastern Texts*, 92.
[11] V. especialmente Eclesiastes 2.24; 8.15; 9.8,9.

Capítulo 4: A decisão pelo louvor

[1] Salmos 37.4.
[2] Salmos 19.14.
[3] Salmos 25.4.
[4] Salmos 88.6; 102.5; 58.8.
[5] V. Salmos 6.5.
[6] V. Salmos 7.8; 17.3.
[7] V. Salmos 35.13-16.
[8] Possidius, *The Life of Saint Augustine* [Vida de Santo Agostinho], 31, trad. F. R. Hoare em *The Western Fathers*. New York: Sheed & Ward, 1954; reimpressão, New York: Harper & Row, 1965, p. 242.
[9] Salmos 32.5.
[10] Salmos 38.18.

[11] Salmos 51.3.
[12] Salmos 6.6,7.
[13] Salmos 38.7,8.
[14] Salmos 102.3-7.
[15] Salmos 77.13; 96.5.
[16] Salmos 47.2,7,8.
[17] V. Salmos 95.5.
[18] V. Salmos 97.1-6; 29.3-9.
[19] V. Salmos 96.13; 98.9.
[20] V. Salmos 103.19-22.
[21] Salmos 46.1. V. tb. 18.2; 19.14
[22] Salmos 31.2.
[23] Salmos 32.11; 20.5.
[24] Salmos 40.3,9.
[25] Salmos 6.3; 13.1; 74.10.
[26] Salmos 42.9.
[27] Salmos 43.2.
[28] Salmos 77.7-9; v. tb. 10.1; 44.23,24; 69.17.
[29] Para exemplo, V. Salmos 35; 41; 55.12-15.
[30] V. Salmos 38.3,4; 39.11.
[31] Salmos 88.7.
[32] Salmos 88.16.
[33] Salmos 39.10,7.
[34] Salmos 38.1,2,22. V. tb. Salmos 60.1-3; 80.4,5.
[35] Artur Weiser, *The Psalms,* trad. Herbert Hartwell, Old Testament Library. London: SCM, 1962, p. 325.
[36] Salmos 16.2.
[37] Salmos 73.25,28.
[38] Salmos 119.175.
[39] Salmos 63.4.

Capítulo 5: Contra o vento

[1] Jó 1.1.
[2] Jó 1.22.

[3] Jó 1.21 (NRSV).
[4] Jó 2.4.
[5] Jó 2.5.
[6] Jó 2.6.
[7] Jó 30.16.
[8] Jó 2.7.
[9] Jó 2.9.
[10] Jó 2.10.
[11] Cf. Jó 12.

Capítulo 6: O desvendar da razão

[1] Alvin Moscow, *Collision Course*. New York: Putmam, 1959, p. 85.
[2] Jó 4.8.
[3] Jó 5.11,12,17,18.
[4] Jó 42.7.
[5] Jó 16.3; 13.4; 16.2.
[6] Jó 38.4,12,13,16,17,34,39; 39.26.
[7] V. Jó 40.7-14.
[8] V. Jó 40.4.
[9] Jó 42.5.
[10] V. Jó 42.6.

Capítulo 7: O Deus das densas trevas

[1] Atos 3.13.
[2] George Hedley, *The Symbol of the Faith: A Study of the Apostles' Creed*. New York: MacMillan, 1948, p. 60-2.
[3] Marcos 14.33.
[4] Marcos 14.35,36.
[5] Marcos 14.41.
[6] Mateus 26.39,42.
[7] Marcos 15.34 e Mateus 27.46, ambos citam palavras de Salmos 22.1.
[8] Trechos de Salmos 22.1,2,4,6,9,11,15,16,18,19,22-24,27.

Capítulo 8: O futuro de esperança

[1] 1Pedro 5.10.
[2] Hebreus 11.33-35 (ARA –Almeida Revista e Atualizada).
[3] V. Lucas 24.25-27; João 20.21-23; Mateus 28.16-20 comparados com Marcos 16.14-18; Lucas 24.44-49; João 21.15-19; Atos 1.1-8; 9.3-6 comparados com 22.6-10, que se compara a 26.13-18.
[4] João 12.24.
[5] V. João 12.25,26.
[6] V. Lucas 6.38; Atos 20.35.
[7] V. Marcos 9.35; 10.15.
[8] V. Marcos 8.34-38.
[9] V. Mateus 5.3-12.
[10] V. Romanos 6.3,4.
[11] V. Efésios 5.21 – 6.9.
[12] V. Tiago 2.5.
[13] V. Filipenses 2.5.
[14] George MacDonald, "The Consuming Fire", in *Unspoken Sermons Series One*. London: Alexander Strahan, 1867.
[15] Martin Luther King Jr., "Suffering and Faith", *Christian Century* 77 (27 de abril de 1960): 510. Reimpresso em *A Testament of Hope: The Essential Writings of Martin Luther King Jr.*, ed. James Melvin Washington. San Francisco: HarperSanFrancisco, 1986, p. 41-2.
[16] V. 1Coríntios 15.35-58.

Capítulo 9: Encontrando o caminho

[1] Gerard Manley Hopkins, "Pied Beauty", in *Poems of Gerard Manley Hopkins*, ed. Robert Bridges. London: Humphrey Milford, 1918.
[2] V. especialmente Eclesiastes 3.1-8.
[3] Eclesiastes 3.9.
[4] Eclesiastes 12.13,14.
[5] Filipenses 4.11-13.
[6] Salmos 102.25,26.
[7] Walt Whitman, "There Was a Child Went Forth", in *Leaves of Gras,* 1891-92 ed. Philadelphia: david McKay, 1891, p. 282. [**Folhas da relva, Iluminuras, 2005**].

[8] De uma entrevista em *Writers at Work: The Paris Review Interviews*, 8ª série, ed George Plimpton. New York: Viking Penguin, 1988, p. 22.

[9] Robert Louis Stevenson, *Kidnapped*. London: Cassell; New York: Scribners, 1886, cap. 20. [***Raptado*, Ática, 2000**].

[10] Mateus 6.6.

[11] Rabi'a de Basra, citado em J. H. Bavinck, *The Impact of Christianity on the Non-Christian World* (Grand Rapids: Eerdmans, 1948), 46.

[12] C. S. Lewis, *The Four Loves*. New York: Harcourt Brace Jovanovich, 1960, p. 80. [***Os quatro amores*, Martins Fontes, 2005**].

[13] V. Romanos 6.1-14.

[14] V. João 17.13-19.

[15] V. 1Tessalonissenses 4.13,14.

[16] 2Coríntios 1.3-5.

Recursos

Bíblia

Isaías 40. Uma mensagem de conforto para Israel. Vozes do céu declaram o conforto e o perdão (40.1-11) de Deus, que é Criador e Mestre do universo (40.12-26) e cuida do seu povo (40.27-31).

Jeremias 11.18-12.6; 15.10-21; 17.14-18; 18.18-23; 20.7-13,14-18. Essas passagens são chamadas coletivamente de "confissões" de Jeremias. Mais justificadamente poderiam ser chamadas de "lamentações", por serem semelhantes aos lamentos pessoais encontrados em Salmos. Nessas lamentações, Jeremias dá vazão à sua raiva, frustração, medo e, às vezes, chega perto da blasfêmia. Todavia, em sua aflição e dor ele ouve a voz de Deus.

Jeremias 30-31. Uma mensagem de esperança e restauração depois dos dias mais sombrios de Israel.

Lamentações. Lamentos públicos escritos por uma testemunha ocular da queda de Jerusalém em 587 a.C. Este livro expressa a agonia do povo em reação à tragédia, bem como a esperança de que Deus executará seus propósitos no futuro.

Habacuque. Sozinho entre os profetas, Habacuque dirige seu oráculo a Deus, não a nós. Apresenta a Deus a questão: "Então, por que toleras os perversos? Por que ficas calado enquanto os ímpios devoram os que são mais justos que eles?" (1.13). A resposta de Deus é que ele está de fato agindo por sua justiça, mas tudo no devido tempo e, enquanto isso, "o justo viverá pela sua fidelidade" (2.4). O livro termina com a declaração de confiança do profeta, uma das mais fascinantes da Bíblia (3.17-19).

Mateus 5.3-12. As Bem-aventuranças. Bem-aventurada é a verdadeira felicidade que Deus dá. Aquele cujo futuro é cheio de esperança é o que vive a vida de Deus mesmo ladeira a baixo.

Atos 2.14-42; 10.34-48. O evangelho proclamado pela igreja primitiva. O mais claro chamado de promessa e esperança para toda a humanidade.

2Coríntios 1.3-7. A costumeira ação de graças epistolar de Paulo é aqui dirigida ao nosso Deus "de toda consolação". Quando compartilhamos dos sofrimentos de Cristo, compartilhamos também da consolação.

Apocalipse 7.13-17; 22.1-5. Em um vívido retrato escrito, essas passagens mostram a visão que João teve dos que passaram por dificuldades terrenas e estavam na presença de Deus.

Livros

ALLENDER, Dan e Tremper Longman III. *The Cry of the Soul: How Our Emotions Reveal Our Deepest Questions About God.* Colorado Springs: NavPress, 1999. Um consultor e um teólogo colaboraram em um livro sobre Salmos. Os autores mostram que a emoção humana profunda pode levar à profunda experiência religiosa.

BLOCHER, Henri. *Evil and the Cross.* Traduzido por David G. Preston. Downers Grove, Ill.: InterVarsity, 1994. Após pesquisar e avaliar soluções intelectuais propostas ao problema do mal,

Blocher conclui que nenhuma é adequada. O mal não é explicado; é derrotado na cruz de Cristo.

BONAR, Horatius. *When God's Children Suffer.* Grand Rapids: Kregel, 1992.

CLARKSON, Margaret. *Destined for Glory: The Meaning of Suffering.* Grand Rapids: Eerdmans, 1983.

GOWAN, Donald E. *The Triumph of Faith in Habakkuk.* Atlanta: John Knox, 1976. Instruído pelo estudo acadêmico deste pequeno livro do Antigo Testamento, mas apresentado ao leitor comum que perguntava: "Por que, em um mundo governado por um Deus bom, a maldade quase sempre triunfa?"

JOHNSON, Spencer. *The Precious Present.* New York: Doubleday, 1984. [*O presente precioso*, **Record, 2000**]. Um menino descobre o que é o presente e por que é precioso.

LEWIS, C. S. *A Grief Observed.* San Francisco: HarperSanFrancisco, 2001 [*A anatomia de uma dor*, **Vida, 2006**]. Em seu curto casamento com Joy Davidman, Lewis disse a um amigo: "Eu nunca esperava ter aos 60 anos, a felicidade que tive aos 20". Nos meses seguintes à morte de Joy, Lewis registrou os sentimentos de aflição, medo e raiva que constituíram esse pequeno livro. A franqueza do livro em expressar esses sentimentos é a razão por que ele tem sido um conforto para tantos leitores.

――――. *The problem of pain.* San Francisco: HarperSanFrancisco, 2001 [*O problema do sofrimento*, **Vida, 2006**]. Uma discussão sobre o porquê da existência da miséria em um mundo criado por um Deus bom e Todo-poderoso. Lewis escreve como estudioso e lógico, mas o livro é curto e fácil de entender.

LLOYD-JONES, D. Martyn. *Why Does God Allow Suffering?* Wheaton, Ill.: Crossway, 1994. Publicado primeiramente em 1939 quando estourou a guerra na Europa. Lloyd-Jones localiza a "mais abrangente e definitiva resposta" em Romanos 8.28.

McGuiggan, Jim. *Celebrating the Wrath of God: Reflections on the Agony and the Ecstasy of His Relents Love*. Colorado Springs: WaterBrook, 2001.

Marty, Martin E. *A Cry of Absence: Reflections for the Winter of the Heart*. Grand Rapids: Eerdmans, 1997. Uma meditação sobre o texto de Salmos. O livro é dirigido a pessoas que lutam contra o sofrimento, problemas e perda, mas cujo estilo "sombrio" de espiritualidade e fé não é suscetível ao mais exuberante e triunfante estilo de fé "ensolarado".

Stackhouse Jr., John G. *Can God Be Trusted? Faith and the Challenge of Evil*. New York: Oxford University Press, 2000. Uma abordagem atenta e inteligente. Stackhouse admite que não encontraremos resposta completa à questão do mal. No entanto, podemos decidir, com bom motivo, que podemos confiar em Deus.

Swinburne, Richard. *Providence and the Problem of Evil*. Oxford: Oxford University Press, 1998. Descontraído e filosófico ao mesmo tempo, esse livro afirma que o sofrimento não pode ser evitado num mundo em que o que a pessoa faz de bem é "escolher entre o bem e o mal... para desenvolver seu próprio caráter... mostrar coragem e lealdade, amar, ser útil, contemplar a beleza e descobrir a verdade" e servir e adorar a Deus voluntariamente.

Lord Tennyson, Alfred. *In Memoriam*. Editado por Susan Shatto e Marion Shaw. Oxford: Oxford University Press, 1982. Poemas líricos que expressam a ampla gama de sentimentos de Tennyson, desde a aflição até o desespero pela esperança, motivado pela morte de seu amigo mais chegado, Arthur Hallam.

Wenham, John W. *The Enigma of Evil: Can We Believe in the Goodness of God?* Grand Rapids: Zondervan, 1985. [*O enigma do mal,* **Vida Nova, 2001**]. A crença na bondade de Deus é questionada pelas severidades tanto na Bíblia quanto na experiência. Mas Cristo mostra que Deus não é somente severo, também é bondoso.

YANCEY, Philip. *Where Is God When It Hurts?* Grand Rapids: Zondervan, 2002 [***Onde está Deus quando chega a dor?***, Vida, **2005**]. A dor é o sistema de alarme do corpo, mas o que fazemos com a miséria e o sofrimento? Uma perspectiva bíblica.

Música

Dorothea von Ertmann era ótima pianista e amiga de Beethoven. Quando ela perdeu um de seus filhos, Beethoven — uma pessoa socialmente desajeitada, para dizer o mínimo — não a quis ver num primeiro momento. Finalmente, ele a convidou para visitá-lo. Quando ela chegou, ele sentou-se ao piano e disse:
— Agora vamos conversar pela música.
Durante mais de uma hora ele tocou sem parar, e ela observou:
— Ele me disse tudo e, por fim, acabou me confortando.
Quando estamos tristes, a música tem a capacidade de confortar e consolar nosso coração, expressar e evocar emoções profundas e abrir nosso espírito para uma nova esperança na possibilidade de beleza e bondade. Na breve lista que se segue existem obras musicais que têm levado significado e conforto a pessoas em suas aflições:

"Be Thou My Vision". Melodia e letra tradicionais irlandesas. Foi publicada no Brasil no *Hinário para o Culto Cristão*, nº. 363.
BEETHOVEN, Ludwig van. Sinfonia nº. 2. Beethoven escreveu esta alegre e caprichosa sinfonia na época em que lidava emocionalmente com sua crescente surdez. Ele pensou em suicídio, mas decidiu-se pela vida para escrever músicas como esta.
_____. Sinfonia nº. 9. O último movimento contém a famosa "Ode à alegria".
BYRD, William. Motetos e hinos corais.

Cowper, William. "God Moves in a Mysterious Way" [Deus age de modo misterioso]. Mesmo afligido por períodos de desespero e agitação emocional, Cowper escreveu alguns dos mais conhecidos hinos em língua inglesa. Esta composição capta o equilíbrio entre o mistério e a bondade de Deus.

Fauré, Gabriel. *Réquiem*. Como organista de igreja durante grande parte de sua carreira, Fauré desenvolveu idéias bem claras sobre o tipo de música que melhor fala às pessoas no momento de aflição e perda. Seu réquiem, composto no mesmo período de dois anos em que ele sofreu a perda dos pais, é delicado, compassivo e cheio de esperança.

Górecki, Henryk. Sinfonia nº. 3. Apesar de sua obra ter o subtítulo de "Sinfonia das canções melancólicas", seu aspecto geral não é de melancolia. É uma obra radiante de esperança.

Handel, George Frideric. *Messias*. Mais do que um musical de Natal, este oratório abrange desde as profecias de Isaías até a vinda de Cristo no juízo final e o cântico de louvor dos anjos.

Lyte, Henry F. "Abide with Me" (*Salmos e Hinos,* nº. 361, e *Cantor Cristão* nº. 291. N. do T.).

Mahler, Gustav. Sinfonia nº. 2, *Ressurreição*.

_____. Sinfonia nº. 5. Durante um período de insônia quanto estive internado no hospital, ouvi essa música num pequeno toca-fitas que um amigo me dera. Ao ouvir o quarto movimento, fiquei totalmente maravilhado por constatar que alguém, em algum lugar, em algum momento tomou sua profunda tristeza e desespero e os transformou em música de tal beleza e poder.

Mozart, Wolfgang Amadeus. *Réquiem*.

Newman, John Henry. "Lead, Kindly Light" (*Salmos e Hinos* nº. 494, e *Cantor Cristão*, nº. 355. N. do T.). Newman escreveu este hino quando voltava de uma viagem à Itália, perturbado com dúvidas, mas confiante no poder de Deus para guiá-lo.

NEWTON, John. "Amazing Grace". (*Hinário para o culto cristão* nº. 314. N. do T.) Entre as estrofes originais deste hino, uma não se encontra normalmente nos hinários modernos:

> Tal como a neve a terra irá
> Então se dissolver.
> O sol então não brilhará
> Mas Deus sempre meu vai ser
>
> A terra logo como a neve se derreterá,
>   O sol não mais brilhará,
> Mas Deus, que a mim, indigno, me chamou,
>   Para sempre meu será.

SMETANA, Bedrich. *O Moldava*. Poema sinfônico que retrata o rio Moldava desde suas nascentes até sua majestosa largura. Uma amiga minha diz que, em seu funeral, não será dita uma só palavra; as pessoas simplesmente ouvirão *O Moldava* e sairão em silêncio e em paz.

TAVENER, John. *Lamentos e Louvores*. Uma coleção de textos para o culto da Sexta-feira Santa na tradição ortodoxa, composto especialmente para o conjunto vocal Chanticleer. O compositor concebeu a obra como algo a ser visto e ouvido, cheia de "tristeza que alegra".

Esta obra foi composta em *Agaramond* e impressa
por Imprensa da Fé sobre papel *Chamois Fine* 67 g/m² para
Editora Vida em fevereiro de 2007.